당근 하나로
매출 2배
동네 1등 가게
만드는 실전 전략

서혜미 지음

아티오
ArtStudio

머리말

SNS의 영향력이 날로 커지는 요즘에는 SNS가 창업 후 마케팅 필수 도구로 활용되고 있습니다. 제가 강의나 컨설팅에 가서 만난 많은 분 중에 SNS를 활용하면 장사가 잘된다는데 어떻게 해야 할지 모르겠다고 말씀하시는 분들이 많습니다. 무엇보다 SNS를 배우고 싶은데 시간이 없어서, 너무 어려워서 포기하시는 분들을 보면서 안타까운 마음이 들었습니다.

당근 비즈프로필은 누구나 쉽게 만들고 관리할 수 있습니다. 감성 사진을 찍을 필요도 없고, 화려한 영상 편집 기술이 없어도 당근 비즈니스에서는 가능합니다. 동네를 기반으로 하고 있기 때문에 편안하고 진솔한 모습과 정직함만 있으면 됩니다. 제가 당근 비즈니스를 알려드린 분 중에 매일 소식을 올렸더니 동네 주민들이 당근에서 봤다고 하며 찾아오는 분들이 늘었다고 말씀하시는 분도 계십니다. 동네에서 유명해졌다며 좋아하셨지요.

저도 동네에서 매장을 하던 시절, 지역 사람들에게 광고하기 위해 매일 아침 전단지를 들고 주변 아파트 관리실에 가서 등록을 하고 전단지를 붙였습니다. 하지만 열 번 전단지를 붙였을 때보다 한 번 당근에 글을 올렸을 때 실제 고객이 찾아오는 경험을 했습니다. 그 이후로는 전단지를 붙일 시간과 비용을 당근에 투자했습니다. 소식을 올리고, 후기를 쌓고, 광고를 하자 점점 문의가 많아졌습니다. 이 경험을 나누고 싶었습니다.

당근에서 분명 가능성이 있는데 어렵다는 이유로 포기하시는 분들을 위해 이 책에서는 당근 비즈프로필을 만드는 기초부터 소식 작성 꿀팁까지 차근차근 설명했습니다. 하나씩 따라 하다 보면 어느새 동네에서 유명한 당근 비즈니스 업체가 되어 있을지도 모릅니다.

마지막으로, 이 책을 쓰는 동안 가장 큰 힘이 되어준 가족들에게 감사 인사를 전하고 싶습니다. 늘 응원해준 남편, 원고 수정에 도움을 준 큰딸, 그리고 엄마가 글을 쓰는 동안 기다려준 사랑하는 둘째와 셋째에게도 고맙다는 말을 전합니다.

추천사

시장경제를 채택하고 있는 사회에서 누군가는 물건과 서비스를 팔고, 누군가는 산다. 필요 혹은 욕구를 따르는 충실한 과정이다. 기술이 발전하고, 사람들의 욕구가 다양해지면서 사고팔 수 있는 통로 역시 고도화된다. 플랫폼에 기반한 미디어 커머스가 주목받는 이유다.

제법 많은 플랫폼이 최근 수 년여 사이에 등장했다. 부침(浮沈)을 거듭하며, 옥석이 가려지는 플랫폼 간 경쟁 속에서도, 점차 영향력을 키워가며 유독 눈에 띄는 곳이 '당근'이다. 일상 속 기분 좋은 알람을 떠올릴 때, 빼놓을 수 없는 소리 가운데 하나가 되었다. 물건과 서비스를 구매하거나 판매할 때도, 관계를 위한 공동체 네트워크를 찾고자 할 때도 당근은 어김없이 우리에게 중요 선택지다. 영향력이 커진 만큼 의존도도 높아진 탓이다.

하지만 우리는 여전히 당근을 잘 모른다. 서툰 이용자다. 최소한의 기능과 행운에 의존해 우리의 목표 혹은 욕구를 채운다. 그리고 원하는 결과를 얻지 못했을 때, 운이 나빴음을 탓하기도 한다. 당근마켓이 제공하는 비즈니스 기회를 체계화할 필요가 있다.

미디어 커머스 환경에서 크리에이터 활동을 하고 있는 서혜미 작가가 대학원에 진학해 와, 지난 2년여 시간을 공부하며 현업에서 쌓은 경험과 함께 당근을 중심으로 한 이야기를 풀어놓은 원고를 보내왔다. 무척 시의적절하다는 생각을 떨치기 어려웠다. 이 책은 당근 비즈니스의 구조와 특징은 물론 마케터의 입장에서 플랫폼의 특징을 활용해 시장을 활성화하는 구체적인 노하우가 적혀있다. 지식과 경험에 대한 나눔이자 당근 시장 생태계 활성화의 단초가 될 이야기들이다. 구조를 알아가는 재미, 그리고 마케터의 역량이 커지는 감각을 이 책을 통해 키울 수 있으리라 믿는다. 당근과 함께 마케터의 역량을 키우고자 하는 모든 이들에게 이 책을 추천한다.

김광재 교수(한양사이버대)

이 책의 특징

---| STEP ● 1 |--- Daangn

01 : 당근, 비즈니스 기회의 새로운 장 ●

1. 손님이 끊이지 않는 가게, 당근에서 시작

60대의 A씨는 거실의 카페트를 바꾸고 싶었습니다. 그런데 막상 카페트를 바꾸려니 그동안 사용하던 멀쩡한 카페트가 아깝다는 생각이 들었습니다. A씨는 카페트 사진을 찍어 당근에 올렸고 당근에서 10만 원에 판매했습니다.

스마트 스토어를 운영하는 50대의 B씨 부부는 주말농장을 가꾸고 있습니다. 이들은 주말농장에서 수확되는 양을 모두 먹을 수가 없어 수확된 농산물 일부분을 당근 비즈니스를 통해 판매하고 있습니다. 취미로 주말농장을 운영하면서 식재료로도 활용하고, 소량이지만 수확한 농산물 일부를 판매도 할 수 있어 B씨 부부에게 텃밭 가꾸기는 삶의 작은 활력소가 되었습니다.

STEP

총 Step 10으로 나누어 당근의 모든 기능을 짜임새 있게 설명하였습니다.

비즈프로필에 적합한 업종

당근에서 활용하기 좋은 업종은 [동네지도] 탭에 나오는 업종들입니다. 음식점, 카페/간식, 병원, 운동, 취미/클래스, 미용실, 뷰티, 학원/과외, 이사/용달, 청소, 수리, 시공, 반려동물, 붕어빵 등이 해당됩니다. 이 업종에 해당한다면, 당근 비즈프로필을 만들어 보세요.

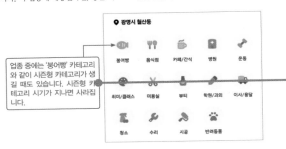

업종 중에는 '붕어빵' 카테고리와 같이 시즌형 카테고리가 생길 때도 있습니다. 시즌형 카테고리 시기가 지나면 사라집니다.

본문에서 설명하지 않는 다른 기능들도 쉽게 이해할 수 있도록 설명을 달아놓았습니다.

▲ 프로필 사진이 노출되는 곳   ▲ 프로필 사진이 노출되는 곳

초보자도 쉽게 따라할 수 있도록 작업 순서대로 넘버링을 표시하였습니다.

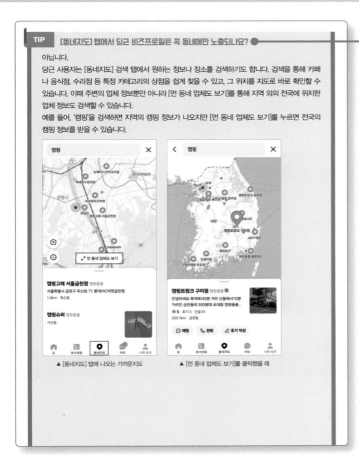

TIP [동네지도] 탭에서 당근 비즈프로필은 꼭 동네에만 노출되나요?

아닙니다.

당근 사용자는 [동네지도] 검색 탭에서 원하는 정보나 장소를 검색하기도 합니다. 검색을 통해 카페나 음식점, 수리점 등 특정 카테고리의 상점을 쉽게 찾을 수 있고, 그 위치를 지도로 바로 확인할 수 있습니다. 이때 주변의 업체 정보뿐만 아니라 [먼 동네 업체도 보기]를 통해 지역 외의 전국에 위치한 업체 정보도 검색할 수 있습니다.

예를 들어, '캠핑'을 검색하면 지역의 캠핑 정보가 나오지만 [먼 동네 업체도 보기]를 누르면 전국의 캠핑 정보를 받을 수 있습니다.

▲ [동네지도] 탭에 나오는 가까운지도

▲ [먼 동네 업체도 보기]를 클릭했을 때

여기서 잠깐! 판매상품에서 상품이 판매된다면?

당근 홈 화면 오른쪽 상단에 있는 종 모양 알림 아이콘에 '새로운 주문이 들어왔어요' 라는 알람이 표시되거나, 비즈프로필 관리자에게 당근 알림을 통해 주문이 접수되었다는 알람이 울립니다.

TIP

Tip을 통해서 어려운 용어 및 꼭 알아야 하는 개념 등을 설명하였습니다.

여기서 잠깐!

교재 설명 과정 중에 놓치기 쉽거나, 누구나 알거라 생각하지만, 알지 못하는 부분을 한번 더 짚어주었습니다.

차 례

차 례

광고 없이도 손님이 우리 가게에 먼저 찾아오게 만들 수 있을까요?

당근은 지역 고객에게 가게를 자동으로 노출 시켜주는 구조를 가지고 있습니다.
SNS를 운영해본 경험이 없더라도 '소식 작성'만으로
당근 플랫폼 안에서 고객에게 내 가게를 알릴 수 있습니다.

Step 1

당근, 비즈니스 기회의
새로운 장

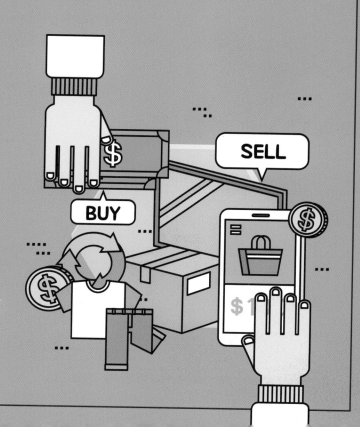

01 : 당근, 비즈니스 기회의 새로운 장

1. 손님이 끊이지 않는 가게, 당근에서 시작

60대의 A씨는 거실의 카페트를 바꾸고 싶었습니다. 그런데 막상 카페트를 바꾸려니 그동안 사용하던 멀쩡한 카페트가 아깝다는 생각이 들었습니다. A씨는 카페트 사진을 찍어 당근에 올렸고 당근에서 10만 원에 판매했습니다.

스마트 스토어를 운영하는 50대의 B씨 부부는 주말농장을 가꾸고 있습니다. 이들은 주말농장에서 수확되는 양을 모두 먹을 수가 없어 수확된 농산물 일부분을 당근 비즈니스를 통해 판매하고 있습니다. 취미로 주말농장을 운영하면서 식재료로도 활용하고, 소량이지만 수확한 농산물 일부를 판매도 할 수 있어 B씨 부부에게 텃밭 가꾸기는 삶의 작은 활력소가 되었습니다.

당근은 이제 2030세대뿐 아니라 4050세대 그리고 60세대의 마음도 사로잡았습니다.

그뿐만이 아닙니다. 자영업자들에게는 새로운 기회의 장이 되고 있습니다. 경기가 어려워지고 소비 심리가 얼어붙은 이런 상황 속에서도 당근에서 성공사례는 꾸준히 들려옵니다.

2024년 당근 가입 수는 4000만 명이 넘었고 매달 2000만 명 가까이 당근을 사용할 정도로 국민 앱이 되었습니다. 4년 사이에 56배나 커진 어마어마한 성장 속도입니다.

▲ 출처 : 당근 비즈니스

당근이 이렇듯 비즈니스의 장으로 떠오른 이유는 이웃 간 믿을 수 있는 중고 거래부터 당근알바, 동네생활 등 신뢰를 바탕으로 운영해 왔다는 점에 있습니다. 특히 동네 가게와 당근 사용자를 연결 해주는 '비즈프로필'은 동네 사람들에게 광고 없이도 알릴 수 있는 좋은 서비스입니다. 당근 사용 자의 홈에서는 광고글뿐만 아니라 단골업체의 소식도 뜨기 때문에 소식글 하나로도 단골 사용자의 꾸준한 관심을 받을 수가 있습니다.

▲ 단골 사용자에게 보여지는 단골업체의 소식글

2. 지역 비즈니스의 새로운 해법, 당근 비즈니스

국세청 자료에 따르면 1년 간 폐업자 수는 100만명에 육박한다는 조사 결과가 있습니다. 주변에 자영업을 하고 계신 많은 분들을 만날 때면 '올해는 더 힘들어진대요' 라는 말은 일상이 되어버렸습 니다. 이렇듯 소비 심리가 얼어붙은 상황 속에서, 누구나 불확실한 미래에 대한 걱정을 안고 살아 가고 있습니다.

하지만 이런 어려움 속에서도 제가 타이어 매장을 운영하던 때 당근에서 해답을 찾은 것처럼 당근 은 새로운 희망의 창구로 떠오르고 있습니다.

당근에서 발표한 '2024 당근 사장님 연말 결산' 데이터에 따르면 비즈프로필 누적 이용횟수는 23억 회로 전년대비 40%가 증가했고, 누적 생성 수는 200만 개로 집계되었습니다.

또한 '단골맺기'를 하고 비즈프로필 소식을 받아보는 이용자수는 780만 명으로 전년 대비 53%가 증가했습니다. 이는 지역 내 이용자와 사장님 간의 상호작용이 활발히 이루어지고 있음을 보여줍니다.

매출이 오르지 않아 힘들어 하던 사업자가 당근을 통해 가게를 홍보하고, 당근으로 하루 3건 이상 주문이 들어오는 곳으로 만들었다는 이야기도 심심치 않게 들려옵니다.

▲ 출처 : 당근 비즈니스

특히 가게 소식을 숏폼으로 만들어 전달하는 '당근 스토리'는 최근 숏폼 대세에 따라 동네 사장님들 사이에서도 효과적인 마케팅 도구로 성장했습니다. 당근 스토리는 사장님뿐만 아니라 당근 사용자가 직접 경험한 것을 영상으로 만들어 올리기도 하기 때문에 동네 사장님들에게는 1석2조의 역할도 톡톡히 하고 있습니다. 숏폼이 가장 많이 올라온 업종으로는 음식점, 카페, 디저트가 1위, 뷰티샵 2위, 운동 3위로 새로운 메뉴가 나온 음식점이나 카페 혹은 클래스를 모집하기 위한 헬스장 등에서 숏폼을 통해 모집하는 사례도 많습니다.

당근은 이제 단순한 중고거래 플랫폼을 넘어, 지역 상권과 커뮤니티를 연결하는 중심축으로 자리 잡고 있습니다. 당근에서 제공하는 비즈프로필과 단골맺기 기능은 자영업자들이 다시 한번 도약할 수 있는 발판을 만들어줍니다.

당근 사용자는 내 동네를 두 개까지 설정할 수 있습니다. 다음의 사진에서처럼 [내 동네 설정]을 통해 동네를 설정한 후, 다른 동네의 업체정보와 동네생활 등의 서비스를 이용할 수 있습니다. 예를 들어 당근 사용자가 경기도 광명에 살지만 가산동으로 지역을 설정하면 가산동에 있는 비즈프로필을 확인하고 가입할 수 있습니다.

3. 단골이 자동으로 늘어나게 하는 법

사람들은 물건을 구매하기 위해 누구의 추천을 받았을 때 가장 신뢰할까요? 흥미롭게도 유명한 연예인이나 인플루언서와 같은 분들이 추천하는 제품이 아닌 주변 지인이 추천하는 제품에 가장 신뢰를 느낀다고 합니다.

이것을 공감할 수 있는 하나의 예로 학부모 모임이 있습니다. 학부모 모임에 가면 동네 맛집부터 유용한 제품과 식품 등 다양한 정보를 얻을 수 있습니다. 특히 좋은 제품이나 서비스인 경우 어디에서 구매했는지 어떻게 문의하는지 사이트를 공유받기도 합니다.

신기하게도 그 속에서 공유되는 맛집과 정보들은 신뢰가 가고, 실제로 구매로 이루어지기도 합니다. 이것은 주변 사람의 추천과 그들의 실제 후기를 생생하게 들을 수 있기 때문입니다.

우리 동네에는 반찬집이 여러 곳이 있는데, 반찬집은 바쁜 학부모들에게 인기입니다. 그런데 유난히 인기 있는 반찬집이 있습니다. 그곳은 대단지 아파트에 위치해 있지도, 인터넷에 노출되어 있지도 않습니다. 그런데 조금이라도 늦게 가면 인기 있는 반찬은 이미 품절이 되어 있습니다. 왜 그런지 이유를 찾아보니 동네 사람들이 서로 그 반찬집의 오늘의 반찬은 어떤 음식이고 몇 세트가 준비되어 있는지, 몇 시부터 구매 가능한지 서로 공유하고 있었습니다. 그러니 조금이라도 늦게 방문하면 맛있는 반찬은 품절되어 있었던 겁니다. 이렇듯 주변에서 추천하고 공유하는 정보는 강력한 힘을 갖고 있습니다.

내 가게를 지인에게 추천하는 가게로 만들어 보세요. 추천 이벤트나 1+1 할인 이벤트 등을 통해 단골이 지인에게 추천하도록 유도할 수도 있습니다.

고객이 단골 맺기를 했다고 끝이 아닙니다. 어쩌면 지금부터 시작일지도 모릅니다. 단골 맺기를 하신 분들이 볼 수 있도록 소식을 매일 업로드 한다거나 이벤트를 진행함으로서 한 번 고객이 충성 고객이 되도록 해야합니다.

간다 마사노리의 [감정마케팅으로 고객을 사로잡는 법]에서는 '신규고객이 된 시점부터 21일간 감사 인사 → 일주일 후 구매한 고객의 결정이 얼마나 옳았는지 확인하는 문자 발송 → 마지막으로 고객과의 관계를 확고히 하기 위해 저렴하지만 배려심이 느껴지는 선물 발송'을 하라고 합니다. 21일 동안 같은 일을 반복하면 인간은 어떤 일이든 습관화 한다는 데이터가 있습니다. 그렇기에 21일이 지나기 전에 단숨에 인간관계를 구축하자는 시도입니다.

당근에서는 21일 동안 문자나 당근 메시지를 활용한 '감사 인사 → 확인 문자 → 이벤트나 할인 쿠폰 안내 메시지 발송 등'을 통해 단골이 된 고객을 나의 충성 고객으로 만들 수 있습니다.

최근에는 콜백문자를 활용한 마케팅도 많이 활용하고 있습니다. 콜백문자란 발신자가 수신자에게 전화를 걸었지만 연결되지 않았을 때, 자동으로 발송되는 문자 메시지를 말합니다. 주로 부재중 전화 알림이나 안내 메시지로 활용되며, 수신자가 전화를 받지 못했을 경우, 해당 번호로 다시 연락을 유도하는 목적으로 사용됩니다.

예를 들어 병원, 미용실, 쇼핑몰 등에서는 예약 확인이나 상담 안내 목적으로 콜백문자를 자주 사용합니다. 이후로는 문자 자동화를 통해 시기별로 문자 자동화 시스템을 도입하기도 합니다. 자동화된 문자 발송은 예약 관리, 상담 유도 등 다양한 상황에서 사용됩니다.

[콜백문자 예시] 고객님 안녕하세요. 오늘 드린 전화는 예약 확인을 위한 연락이었습니다. 편하실 때 010-1234-0000으로 연락 주시면 감사하겠습니다.

4. SNS 부담 없이 시작하는 쉬운 마케팅

2024년 폐업 사업자 수는 98만 6천 명으로, 한국경영자총협회에서 통계 집계를 시작한 2006년 이후 가장 높은 수치를 기록했습니다. 업종별 폐업률은 음식업이 16.2%, 소매업이 15.9%로, 소상공인이 많은 업종에서 특히 높게 나타났습니다. 또한, 자영업자의 개인회생율이 직장인의 개인회생율보다 훨씬 높은 것으로 조사됐습니다.

이러한 상황을 극복하기 위해 많은 자영업자들은 끊임없이 노력하고 있습니다. 특히 "어떻게 하면 내 가게를 더 효과적으로 알릴 수 있을까?" 라는 고민이 일상적입니다. 대부분 온라인에서 해답을 찾으려 하지만, 생각보다 쉽지 않은 것이 현실입니다.

오늘날 SNS 활용은 기본입니다. 사람들은 모임이나 약속 장소를 정할 때도 검색부터 합니다. 웹 서핑을 하다가 우연히 본 맛집은 주변에 쉽게 공유하게 되고, 평소에 눈여겨보던 곳이라면 망설임 없이 예약까지 하게 되기도 합니다. SNS를 적극적으로 운영하는 가게는 웨이팅이 생길 정도로 손님이 몰리기도 하지만, 운영이 미흡한 가게는 자연스럽게 경쟁에서 밀리기도 합니다. 물론 모든 가게가 그렇다는건 아닙니다만 그래도 SNS를 하는 것과 안 하는 것은 차이가 있습니다.

고기집을 운영하는 C사장님 역시 이러한 현실에 직면했습니다. 최근 SNS 운영을 시작했지만, 사진 촬영 기술도 부족하고, 글쓰기에도 자신이 없습니다. 새로 출시한 밀키트를 전국으로 발송할 수 있는 시스템을 완료했지만, 보관 시설이 부족해 초기 판매에 어려움을 겪고 있습니다.

하지만 이런 고민은 C사장님만의 문제가 아닙니다. 제가 컨설팅 현장에서 만난 많은 대표님들 역시 SNS의 필요성을 알고 있지만, 막상 실행에 옮기려면 어디서부터 시작해야 할지 몰라 막막해하시곤 합니다.

당근마켓은 이러한 자영업자들의 고민을 해결할 수 있는 실질적인 대안이라고 할 수 있습니다. 특별한 기술이나 노하우 없이도 손쉽게 계정을 만들고 운영할 수 있습니다. 또한, 비즈프로필의 '소식' 기능을 활용하면 매일 편하게 글을 올리고, 고객과 꾸준히 소통할 수 있습니다.

이처럼 당근 마케팅을 강조하는 이유는, 당근은 다른 SNS와는 다르게 예쁘게 사진을 찍거나 오랜 시간 영상을 편집하지 않아도 쉽게 글을 올릴 수 있기 때문입니다. 인스타그램에서는 완성도 높은 사진과 감각적인 영상이 인기 있는 반면, 당근에서는 사실적인 사진이 오히려 더 좋습니다. 당근에서는, 상품을 수확하는 모습, 과일이 주렁주렁 열린 장면, 제품의 단면을 보여주는 사진과 같이 사실적인 사진이 소비자에게 더 신뢰감을 줄 수 있습니다.

저 역시 직접 농사짓는 모습과 출하된 키위 사진만으로도 비즈프로필에서 평소보다 매출을 2배 이상 끌어올릴 수 있었습니다. 특별한 상세페이지나 추가 비용 없이 얻은 결과였기에, 더욱 자신 있게 당근 비즈니스 마케팅을 추천합니다.

당근에서는 자신의 업체를 소개할 수 있도록 비즈프로필이란 기능을 운영하고 있습니다.

지금부터 당근 비즈프로필을 만드는 방법을 하나씩 풀어보겠습니다. 차근차근 따라해서 가게의 매출을 3배 이상 끌어올려 보세요.

고객이 검색하지 않아도 우리 가게를 먼저 발견할 수 있나요?

[당근 홈]과 [동네지도] 탭을 통해 우리가게 정보를 노출할 수 있습니다.
고객은 당근을 사용하면서 자연스럽게 가게를 보게 되고 관심이 생기게 될 것입니다.
이 장에서는 그 노출 흐름과 플랫폼 구조를 전략적으로 살펴봅니다.

Step 2

당근 비즈니스 구조와 특징 알아보기

02 : 당근 비즈니스 구조와 특징 알아보기

1. 당근 홈 알아보기

[당근 홈]은 당근 사용자들이 접속할 때 가장 먼저 보게 되는 메인 화면입니다. 여기에서는 중고 거래 글뿐 아니라 업체 소식, 광고 글, 알바 구인 글, 추천 가게 상품 등 다양한 콘텐츠를 확인할 수 있습니다.

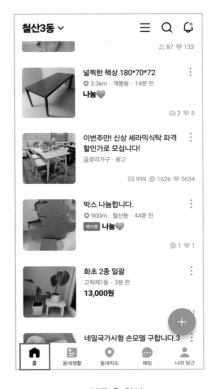

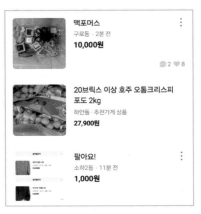

▲ 당근 홈 화면   ▲ 추천가게 상품이 있는 사진

[당근 홈]의 가장 큰 장점은 당근 사용자가 바로 이곳에서 중고 제품을 확인하고 검색하는 주요 화면이라는 점입니다. 그렇기 때문에 비즈프로필이 홈 화면에 노출되는 것만으로도 자연스럽게 가게 홍보가 됩니다 또한, 당근은 사용자의 위치와 관심사에 따라 정보가 보여지므로, 자주 이용하는 카테고리나 특정 동네와 관련된 정보가 있으면 해당 정보가 사용자의 홈 화면에 더 자주 표시됩니다.

2. [동네지도] 탭 살펴보기

당근의 [동네지도] 탭은 사용자 동네의 업체 소식과 지도, 이웃들의 스토리, 전문가 견적 한 번에 받기, 우리 동네 혜택 모음, 내 단골 업체 소식 그리고 동네의 공공기관 소식까지도 확인할 수 있습니다. [동네지도] 탭에서는 키워드 검색을 통해 동네 가게뿐만 아니라 전국의 가게도 찾아볼 수 있습니다. 특히, 비즈프로필을 운영하면 내 가게가 [동네지도] 탭에 노출되어, 자연스럽게 동네 주민들에게 가게를 알릴 수 있습니다.
이제 [동네지도] 탭을 하나씩 살펴보며, 지역 마케팅뿐만 아니라 전국적으로 내 가게를 홍보할 수 있는 이유와 당근마켓의 장점을 알아보겠습니다.

비즈프로필에 적합한 업종

당근에서 활용하기 좋은 업종은 [동네지도] 탭에 나오는 업종들입니다. 음식점, 카페/간식, 병원, 운동, 취미/클래스, 미용실, 뷰티, 학원/과외, 이사/용달, 청소, 수리, 시공, 반려동물, 붕어빵 등이 해당됩니다. 이 업종에 해당된다면, 당근 비즈프로필을 만들어 보세요.

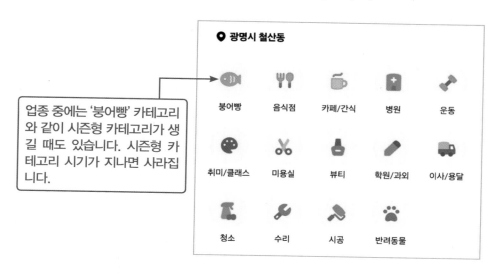

업종 중에는 '붕어빵' 카테고리와 같이 시즌형 카테고리가 생길 때도 있습니다. 시즌형 카테고리 시기가 지나면 사라집니다.

[동네지도] 탭의 동네 업체 소식은 먹거리, 미용, 건강, 교육, 생활 등 여러 카테고리로 나뉘어 있으며, 각 카테고리를 클릭하면 한 번 더 세분화되어 동네 사람들이 자주 찾는 카테고리로 표시됩니다. 예를 들어, 먹거리를 클릭하면 맛집, 카페, 장보기로 카테고리가 세분화 됩니다. 또한, 가게의 위치나 간단한 정보가 당근 사용자에게 노출되므로, 오프라인 방문객 유입을 늘릴 수 있고, 지역 내에서 인지도를 쌓는 데도 큰 도움이 됩니다.

저는 비즈프로필에서 농수산물을 판매했습니다. 광고 없이 글을 올린 것만으로도 제 글이 당근 사용자들에게 노출되어 단골이 늘어났고 제품 문의와 주문이 하루에 20건씩 있었습니다. 이처럼 비즈프로필은 내 가게를 홍보하는 것은 물론, 제품을 판매하는 데에도 유용한 수단이 됩니다.

아닙니다.

당근 사용자는 [동네지도] 검색 탭에서 원하는 정보나 장소를 검색하기도 합니다. 검색을 통해 카페나 음식점, 수리점 등 특정 카테고리의 상점을 쉽게 찾을 수 있고, 그 위치를 지도로 바로 확인할 수 있습니다. 이때 주변의 업체 정보뿐만 아니라 [먼 동네 업체도 보기]를 통해 지역 외의 전국에 위치한 업체 정보도 검색할 수 있습니다.

예를 들어, '캠핑'을 검색하면 지역의 캠핑 정보가 나오지만 [먼 동네 업체도 보기]를 누르면 전국의 캠핑 정보를 받을 수 있습니다.

▲ [동네지도] 탭에 나오는 가까운 지도

▲ [먼 동네 업체도 보기]를 클릭했을 때

3. [동네지도] 탭에서 광고 없이도 내 가게를 알리는 게 가능한가요?

네. 가능합니다. 고객이 검색했을 때 [동네지도]에 가게가 표시되면 위치 정보뿐만 아니라 가게 이름, 연락처 등 기본적인 정보도 함께 확인할 수 있습니다.
저의 경우 당근에서 광고하지 않고도 비즈프로필이 [동네지도] 탭에 노출되어 하루 평균 3건의 문의를 한 달 동안 받았었습니다.

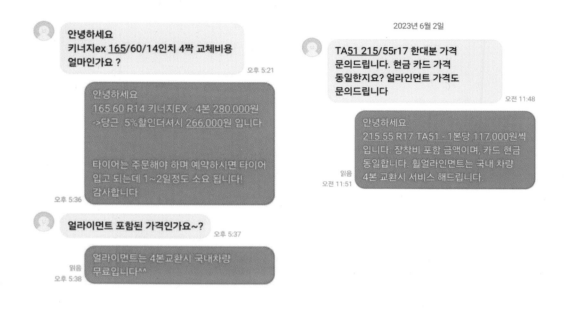

고객이 클릭하고 싶은 비즈프로필, 어떻게 만들어야 할까요?

비즈프로필의 메인 화면은 단순히 가게 정보를 보여주는 것이 아닌,
고객에게 알리는 내 가게의 첫인상입니다.
소개 글, 사진, 키워드 구성에 따라 고객의 반응은 달라질 수 있습니다.
이 장에서는 클릭을 유도하고 신뢰를 쌓는 비즈프로필의 실전 전략을 알아봅니다.

Step 3

시작하는 즉시 판매되는
비즈프로필 만들기

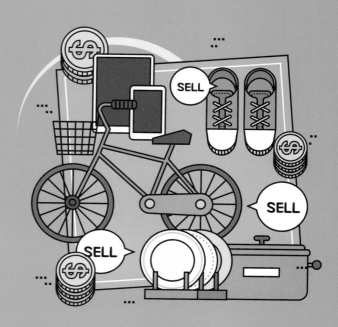

03 : 시작하는 즉시 판매되는 비즈프로필 만들기

1. 비즈프로필 왜 해야 하나요?

비즈프로필이 필요한 이유

비즈프로필이란 내 업체를 이웃에게 홍보할 수 있도록 당근에서 제공하는 기능입니다.

SNS는 페이스북, 인스타그램, 카카오톡, 밴드 등과 같이 사회적 관계를 형성하는 온라인 플랫폼을 통칭하여 부르는 이름입니다. 이러한 플랫폼 대부분은 사람을 먼저 모은 후에야 수익화가 가능하며, 회원이 많으면 많을수록 수익이 커집니다. 회원들이 사는 곳도 전국에 있으므로, 전국에 택배로 제품이나 서비스를 배송할 수 있는 업종이라면 전국에 회원이 많으면 많을수록 좋습니다.

그러나 동네 주민을 타겟으로 하는 매장을 운영하는 분이라면 동네에 회원이 많으면 많을수록 좋습니다. 동네 사람들에게 가게를 홍보할 방법을 몰라 고가의 광고비를 지불하며 광고를 운영하는 분도 많습니다. 저에게 광고업체를 소개해 달라는 요청이 가끔 있습니다. 그러나 저는 광고업체에 광고를 부탁하기 전 대표님이 직접 해보시라고 말씀드립니다. 어떻게 해야 광고 효율이 높은지 직접 해보시는 게 대표님에게 가장 도움이 될 것이기 때문입니다.

당근의 모든 이용자는 가입 시 휴대폰으로 본인의 위치를 인증한 상태입니다. 인증된 사용자가 당근에서 동네의 비즈프로필을 확인하기 때문에 다른 플랫폼들과 달리 새로운 사용자를 모으는 데 많은 시간을 투자하지 않아도 된다는 장점이 있습니다. 대부분의 플랫폼에서는 사람을 모으기 위해 많은 시간과 노력을 투자합니다. 그러나 당근은 '동네'라는 특화된 요소를 바탕으로 지역 커뮤니티가 형성되어 있습니다. 따라서 광고 없이도 자연스럽게 사람들이 모이며, 그 결과 수익화로 이어지는 과정이 다른 플랫폼에 비해 빠릅니다.

비즈프로필 운영할 때 꼭 필요한 세 가지

당근 비즈프로필을 만들었다고 해서 무조건 수익화가 되는 것은 아닙니다. 실제로 주변에서 비즈프로필을 만들었는데 아무런 효과를 보지 못했다는 말을 종종 듣습니다. 왜 효과를 보지 못한 것일까요? 만약 효과를 보지 못하신 분이라면 다음 페이지의 세 가지를 점검해 보세요.

첫째, 명확한 타겟에게 내 제품과 서비스를 알리고 있는가?

당근 비즈프로필에서 추천하는 업종은 음식점, 카페/간식, 병원, 운동, 취미/클래스, 미용실, 뷰티, 학원/과외 등과 같이 동네 고객을 주요 타겟으로 하는 업종입니다. 특히, 동네 고객 중에서도 성별, 나이, 취미 등을 고려해 타겟을 명확히 설정할수록 효과적인 마케팅이 가능합니다.

우리 동네에는 피부과가 많습니다. 피부과를 찾는 사람들도 많지만, 병원이 많다 보니 어디를 선택할지 고민하는 경우가 종종 있습니다. 그런데 그중에서도 예약 없이 방문하면 기본적으로 한두 시간은 기다려야 할 정도로 늘 붐비는 피부과가 있습니다. 이곳은 주로 '여드름이 난 청소년'을 대상으로 치료하는 곳입니다. 이곳에 다니는 청소년들의 피부가 눈에 띄게 좋아지면서 자연스럽게 입소문이 났고, 결과적으로 고객층도 청소년이 압도적으로 많아졌습니다.
이처럼 명확한 타겟을 설정하고, 그들의 고민을 효과적으로 해결해 줄 때 강력한 경쟁력이 생깁니다.

둘째, 꾸준히 소식 글을 발행하고 있는가?

비즈프로필을 만들어두기만 하고 꾸준히 소식을 발행하지 않으면 고객은 찾아오지 않습니다.
저는 컨설팅을 진행할 때 "최소 10개에서 30개까지는 매출이 발생하지 않더라도 꾸준히 글을 올리세요"라고 강조합니다. 소식 글이 적다면 비즈프로필에 방문해도 고객이 신뢰를 갖지 못하고 빠르게 이탈할 가능성이 크기 때문이지요.
고객이 서비스를 신뢰하고 구매하기까지는 인지 → 탐색 → 신뢰 → 구매 → 재구매 및 충성단계의 과정을 거칩니다. 비즈프로필에 방문한 고객이 내 가게를 충분히 신뢰하고 구매까지 이르기까지는 시간이 필요합니다. 이 시간은 업종에 따라 다를 수 있지만, 꾸준한 소식 발행이 필요하다는 점은 변함없습니다. 또한 소식 글을 꾸준히 발행하는 것은 구매 이후의 관리에도 도움이 됩니다.

여러분이 피부관리샵에서 무료로 피부관리를 받았다고 가정해 보겠습니다. 관리를 받은 후에도 해당 샵으로부터 아무런 연락을 받지 않았다면 그 샵은 여러분의 기억 속에서 잊혀질 것입니다. 하지만 당근에서 단골을 맺고 꾸준히 소식을 접했다면, 아마도 이 피부관리샵은 여러분도 모르는 사이에 머릿속에 인식되었을지도 모릅니다.
이렇듯 당근에서는 지속적인 소식 발행을 통해 고객이 내 가게를 잊지 않게 하는 것도 중요합니다. 소식 작성을 할 때 [단골 알림] 기능을 활용하여 내 가게의 서비스를 고객에게 지속적으로 기억시킬 수 있습니다.

셋째, 후기를 쌓으세요

요즘은 정보의 홍수 시대입니다. 상품에 대한 정보도 넘쳐나고 궁금한 것은 인터넷 검색만 하면 웬만한 정보는 다 찾을 수 있습니다. 예를 들어, 제주도로 여행을 가려고 할 때도 가장 먼저 인터넷을 검색합니다. 온라인에는 숙소부터 맛집까지 다양한 정보가 넘쳐납니다. 이렇게 많은 정보 속에서 고객은 과연 무엇을 선택할까요? 아마도 후기가 좋거나 후기가 많은 곳을 찾을 확률이 높을 것입니다.

이삿짐센터 사장님이 "우리는 완벽한 서비스를 제공하고 있습니다. 저희 가게에 방문하신 고객님들의 만족도가 100%입니다." 라고 말하는 것과, 실제로 이삿짐센터를 이용한 고객이 "지방으로 이동하느라 짐이 망가질까 걱정이었는데 사장님이 친절하게 짐을 잘 올려주셨어요. 100% 만족합니다!" 라고 말하는 것 중 어느 쪽이 더 신뢰가 갈까요?

당연히 후자입니다. 사람들은 판매자가 직접 하는 말보다 실제 고객이 남긴 후기를 더 신뢰합니다. 후기가 많으면 많을수록 가게의 신뢰도는 높아집니다.

킨드라 홀의 [스토리과학]에서 "고객 스토리가 독보적인 이유는 '판매자가 들려주는 스토리를 과연 믿어도 될까?' 라는 지워지지 않는 의문을 없애주기 때문이다" 라고 했습니다.

그렇다면 어떻게 하면 고객이 자발적으로 후기를 쓰게 할 수 있을까요? 고객이 후기를 쓰는 이유는 서비스에 만족해서, 서비스가 마음에 들지 않아서, 혹은 후기를 작성한 후 따라오는 이득 때문에 등이 있습니다. 비즈니스에서 가장 중요한 건 제품입니다. 고객이 만족할 만한 서비스나 제품을 제공하고, 후기 이벤트 등을 활용해 하나씩 후기를 쌓아보시기를 추천합니다.

제가 골드키위를 당근 비즈니스를 통해 판매할 때였습니다. 유난히 날이 추웠던 날, 고객에게서 키위가 도착했는데 제품에 문제가 있다는 연락을 받았습니다. 제품 문제의 원인은 너무 추운 날씨 때문이었고, 배송 도중 키위가 얼었다가 녹으면서 품질에 문제가 생긴 것이었습니다. 저는 즉시 고객님께 연락을 드려 원하는 대로 신속히 처리를 해드렸습니다. 그 결과 고객님은 별 5개의 점수와 함께 아래와 같은 후기를 남기셨습니다. 이처럼 제품이나 서비스를 판매할 때 문제는 언제든지 생길 수 있습니다. 문제가 생겼을 때 어떻게 대응하느냐에 따라 고객이 내 가게의 찐팬이 되기도 합니다.

> ★★★★★
> 상품 가득 보내셨어요
> 불량품은 바로 반품 하여 주셨습니다
> 사장님 직접 통화 하였는데
> 신뢰도가 높아 보였습니다
> 계속 이용하고자 합니다
> 믿고 거래할 수 있게 되었습니다

처음 당근 비즈니스를 시작하면 누구나 후기는 없습니다. 따라서 경쟁자의 후기가 내 가게보다 많다고 낙심하거나 포기하실 필요도 없습니다. 지금부터 후기를 모으면 됩니다.

2. 비즈프로필 만들기 실전

자 그럼 지금부터 당근마켓 비즈프로필을 만들어보겠습니다. 하나씩 차근차근 따라 해보세요.

❶ 당근 화면의 오른쪽 맨 하단 [나의 당근]을 터치한 후 [비즈프로필 관리]를 클릭합니다.

❷ [비즈프로필 만들기]를 클릭합니다.

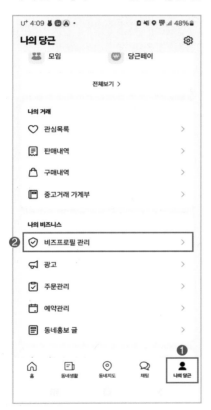

❸ [비즈프로필 이름]을 입력하고 [다음]을 클릭합니다.

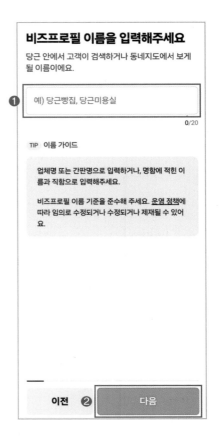

여기서 잠깐!

비즈프로필 이름 등록 시 주의할 점

비즈프로필 이름을 입력할 때는 사업자등록증에 등록된 업체명이나 간판명 또는 명함에 등록된 이름으로 등록하셔야 합니다. 우리 가게가 어떤 일을 하는 곳인지 직관적으로 알릴 수 있는 이름일수록 좋습니다.

사업체가 아닌 '개인'의 비즈프로필인 경우 명함에 적힌 이름/닉네임과 직함을 함께 사용해주셔야 합니다. 예 김OO 헤어디자이너, 최OO 트레이너 등
소속 업체가 있는 개인의 비즈프로필을 사용하는 경우 소속 업체와 함께 이름/닉네임을 써주세요.
예 OO헤어 최OO, OO 헬스 김OO

이외에도 비즈프로필 이름을 등록할 때 주의사항은 다음과 같습니다.

- 글자 수는 20자까지 가능합니다. 특수문자는 , – ' & % 까지 허용되며, 특수문자를 연속으로 사용하는 것은 불가합니다.
- 자음, 모음만 사용하는 경우는 불가능합니다. 띄어쓰기는 허용하되 연속으로 사용하는 건 불가하며, 이름의 양옆에 들어가는 것도 불가합니다. 예 " 당근 빵집 "
- 일반 명사, 문장형 이름을 사용할 수 없습니다. 예 학원, ～해드립니다. 등
- 업체/개인 전화번호는 기재할 수 없습니다. 단, 사업자등록증 상의 상호에 '전화번호'가 포함된 경우에는 사용할 수 있습니다.
- '당근' 등 자사 브랜드로 오인할 수 있는 단어는 비즈프로필 이름에 포함할 수 없습니다. 단, 사업자 등록증 상의 상호에 '당근'이 포함된 경우에는 사용할 수 있습니다.
- 그 외 금칙어(비속어, 성인 관련 키워드 등)는 불가합니다.
- 사업체가 아닌 '개인'의 비즈프로필(사업자 등록되지 않은 개인/소속 직원의 비즈프로필)인 경우, 위 공통 기준에 더불어 '개인'의 비즈프로필 임이 명확하게 확인되도록 하단의 가이드를 준수해야 합니다.
- 비즈프로필 이름은 명함에 적힌 이름/닉네임과 직함을 함께 사용합니다.
   예 김OO 헤어디자이너, 김OO 트레이너, 김OO 수학 과외 등
- 소속 업체가 있는 개인 비즈프로필의 경우, 소속 업체와 함께 이름/닉네임을 씁니다.
   예 OO헤어 OO, XX헬스 XX
- 위 항목 외 개인 정보의 사용은 불가합니다(개인 전화번호, 개인 성명만 사용 등).
- 연락을 위해서는 채팅, 안심번호 통화 등을 이용할 수 있습니다.
- 활동 지역명 만을 비즈프로필 이름으로 사용할 수 없습니다.
   예 논현동, 역삼동
- 일반 명사와 문장 형태의 이름을 사용할 수 없습니다.
   예 과외 선생님, 헬스 트레이너
   예 언제든 불러주세요, 과외 수업합니다.

❹ [업종]을 검색한 후 해당 업종을 선택합니다. 명심해야 할 것
은 사업자등록증에 기재된 종목이나 서비스로 검색해서 선
택하세요. 검수 과정에서 더 적합한 업종으로 수정될 수도
있지만, 비즈프로필이 생성되면 업종 변경은 불가합니다.

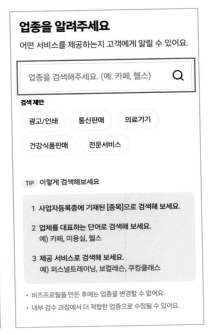

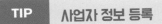

TIP 사업자 정보 등록

사업자 정보 등록을 하지 않은 비즈프로필의 경우 정보 변
경은 30일에 1회 가능합니다. 사업자 등록을 한 비즈프로필
의 경우 재검수를 통해 정보 변경이 가능합니다. 하지만 이
두 경우 모두 비즈프로필 생성 단계에서 선택한 카테고리는
변경이 불가합니다. 따라서 업종 선택 시 카테고리를 신중하
게 선택하세요.

❺ [방문 장소]를 입력합니다. 방문할 주소가 없
을 때는 '주소가 없어요'를 선택하세요.

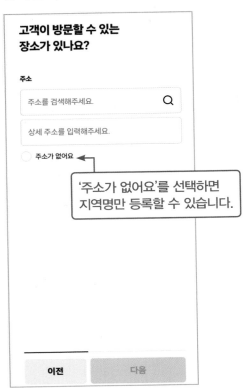

❻ [다음]을 클릭합니다.

❼ [사진등록]을 터치하여 프로필 사진을 등록하고 [다음]을 클릭합니다. 프로필 사진은 간판이나
대표상품과 같이 가게를 나타내는 사진으로 등록하는 것이 좋습니다. 등록한 사진은 나중에 수
정할 수 있습니다.

▲ 프로필 사진이 노출되는 곳

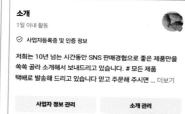

▲ 프로필 사진이 노출되는 곳

❽ [카메라]를 터치하여 사진을 등록합니다. 사진은 총 20장까지 등록할 수 있습니다.

TIP

사진은 나중에 수정할 수 있지만, 고객이 비즈프로필을 보자마자 어떤 서비스나 제품을 판매하는지 한눈에 알 수 있도록 매장의 분위기나 판매하는 제품을 나타내는 사진을 올리는 것이 좋습니다.

여기서 잠깐!

등록한 사진은 비즈프로필 [사진] 탭에서 모아볼 수 있습니다. 등록한 사진을 변경하고 싶을 때는 비즈프로필의 [홈 화면]–[사진]–[사진 추가]에서 변경할 수 있습니다.

여기서 잠깐!

[홈 화면]–[사진] 탭에서 사진 위의 점 세 개 [더보기]를 클릭
하면 사진을 삭제하거나 대표 사진으로 고정 및 태그를 할 수
있습니다.

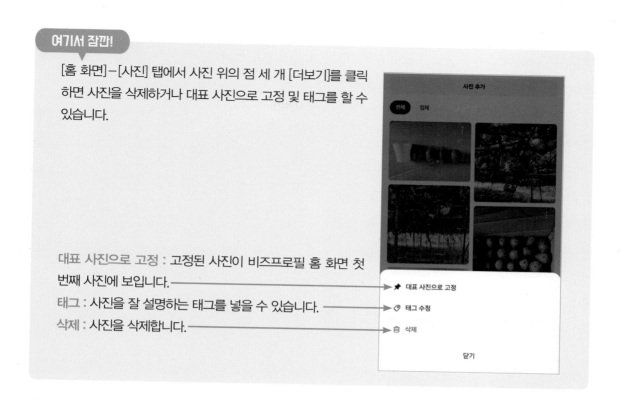

대표 사진으로 고정 : 고정된 사진이 비즈프로필 홈 화면 첫
번째 사진에 보입니다. ──────
태그 : 사진을 잘 설명하는 태그를 넣을 수 있습니다. ──────
삭제 : 사진을 삭제합니다. ──────

❾ [앨범] 화면의 [사진] 탭에서 사진을 여러 장
  선택한 다음, [완료]를 클릭합니다.

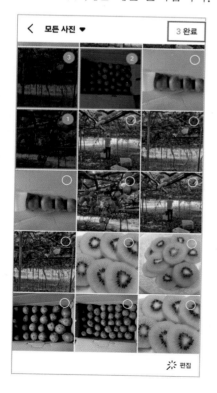

❿ [다음]을 클릭합니다.

⓫ 내 가게의 특징과 장점을 알리는 [소개 글]을 작성합니다.
소개 글은 언제든지 수정할 수 있습니다.

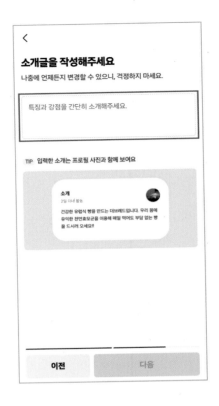

⓬ [전화번호]를 입력합니다. 전화번호는 선택이지만 고객에게
비즈프로필을 통해 문의받을 수 있게 넣는 걸 추천합니다.
전화번호를 입력하더라도 고객이 문의 전화를 할 때는 안심
번호로 연결됩니다.

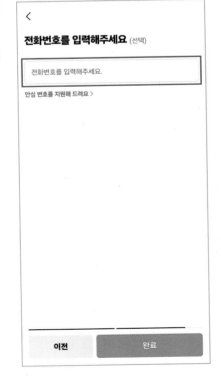

안심번호란?

비즈프로필의 안심번호는 연락처 대신 050 번호로 고객에게 노출하여 비즈프로필의 연락처로 연결시켜주는 번호입니다. 고객이 문의 전화를 했을 때 '당근마켓에서 걸려 온 전화입니다' 라는 음성 메시지가 들리고 고객과의 전화가 연결됩니다. 안심번호는 비즈프로필에서 기본적으로 제공되는 서비스로, 아래의 경우가 아니면 임의로 해제할 수 없습니다.

❶ 오랫동안 안심번호를 이용한 이력이 없는 경우
❷ 고객이 당근 앱 내에서 전화 문의를 하거나, 연락처를 다시 저장하는 경우

❸ [부가 정보]를 선택합니다. 부가 정보는 선택사항입니다. 선택 후 [완료]를 클릭합니다.

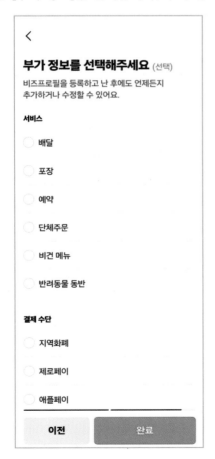
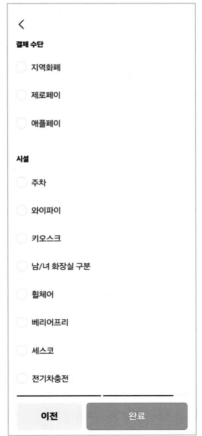

사업자 인증 완료하기

비즈프로필을 생성한 후 사업자 인증을 해주세요.

❶ [홈 화면] 중간지점 사업자 인증 완료하기에서 [지금 인증하기]를 클릭합니다.

❷ [사업자등록번호]를 등록하고 [다음]을 클릭한 후, [사업자등록증]을 제출합니다.

❸ '통신판매업 신고 대상자인가요?' 라는 질문에는 해당되는 곳에 체크합니다.

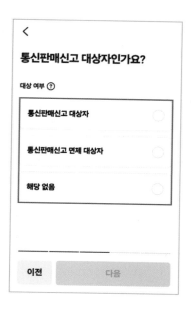

❹ 비즈프로필 정보를 확인하고 [다음]을 클릭한 후, 추가 서류가 필요하면 추가 서류를 등록합니다.

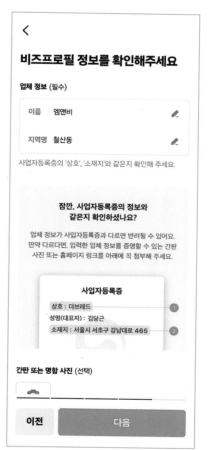

고객은 어떤 비즈프로필을 보고 방문을 결정할까요?

비즈프로필은 사진, 소개 글, 후기, 혜택 등 고객의 신뢰를 이끌어내는 요소들로 구성됩니다.
이 장에서는 방문으로 이어지는 비즈프로필의 구성 전략을 구체적으로 살펴봅니다.

Step 4

비즈프로필 구성
알아보기

04 : 비즈프로필 구성 알아보기

1. 홈 화면 구성

당근 비즈프로필은 [홈], [소식], [상품], [사진], [후기]로 구성됩니다.

고객이 비즈프로필에 들어갔을 때 처음으로 보이는 화면이 [홈 화면]입니다. [홈 화면]은 영업시간, 위치, 전화번호, 공지, 소개 등을 통해 고객에게 내 가게의 정보를 알려주는 역할을 합니다. 내 가게의 서비스를 한눈에 알릴 수 있는 사진을 올려 내 가게를 홍보할 수도 있습니다.

또한 홈 화면 내에서 URL을 연동시킬 수 있어 운영하는 사이트나 SNS 등으로 고객을 유입시킬 수 있습니다. 운영 중인 홈페이지와 홍보 채널은 최대 5개까지 등록할 수 있습니다.

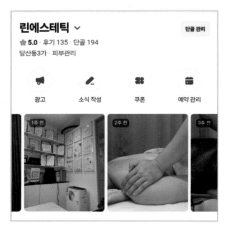

여기서 잠깐!

어떤 사진이 좋을까?

홈 화면의 사진은 고객에게 신뢰감을 주는 첫걸음이기 때문에 매우 중요합니다. 가게 외부나 내부 사진, 또는 서비스나 상품을 보여주는 사진을 올리는 것이 좋습니다.

맛집이라면 맛있는 음식 사진을 올리거나, 반찬이 많은 게 특징이라면 반찬과 음식을 함께 찍은 사진을 올리는 것도 좋습니다. 피부샵이라면 관리 전과 후의 비교 사진을 올리는 것도 효과적입니다. 사진은 최소 10장 이상 올리는 것을 추천합니다. 또한, 새로운 서비스 사진이나 최근에 찍은 전후 사진이 있다면, 주기적으로 사진을 업데이트하는 것이 좋습니다.

프로필 사진 변경하기

비즈프로필에 가입 시 프로필 사진을 등록했지만, 변경하고 싶을 때는 아래 방법을 통해 언제든지 프로필 사진을 변경할 수 있습니다.

❶ 우측 상단 ☰ [더 보기] 메뉴를 클릭합니다.

❷ [비즈프로필 관리]–[정보 관리]를 클릭합니다.

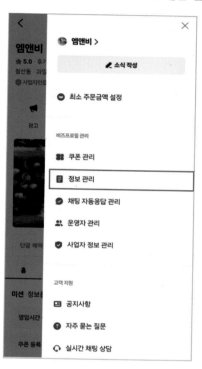

❸ [소개]를 클릭합니다.

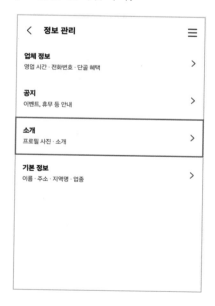

❹ [프로필 사진]의 사진을 클릭합니다. 프로필 사진은 한 장만 업로드됩니다. 내 가게를 나타내는 가장 매력적인 사진을 선택해 주세요.

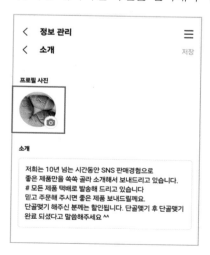

❺ 사진을 선택 후, [완료]를 클릭합니다.

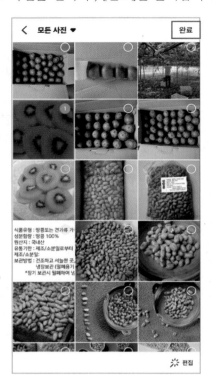

❻ 프로필 사진이 변경되었습니다.

홈 사진 추가하기

❶ [홈 화면]의 홈 사진에서 [사진 추가]를 클릭합니다.

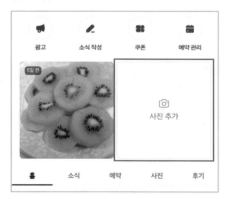

만약 홈 사진이 10개 이상이면 왼쪽 끝까지 드래그한 다음, [더보기]를 누르고 [사진 추가]를 클릭하세요.

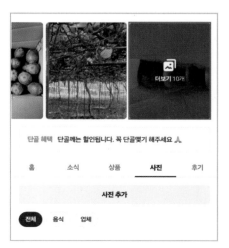

❷ 사진 선택 후, 오른쪽 상단의 [완료]를 클릭하면, 오른쪽 이
미지와 같이 10개의 사진이 추가 됩니다.

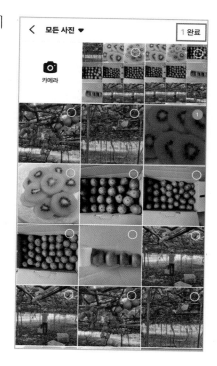

업체 정보 관리 수정하기

업체 정보에서는 매장의 [영업시간], [부가정보], [전화번호], [홈페이지 링크], [단골혜택]이 확인됩니다. 매장을 운영 중이라면 영업시간과 전화번호, 단골 혜택을 꼭 기입하세요.

❶ [홈 화면]–[업체 정보 관리]를 클릭합니다.

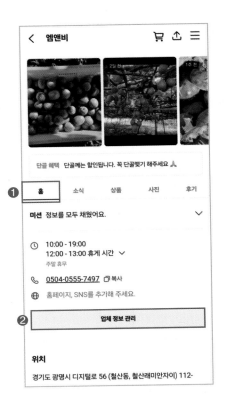

❷ [영업시간]을 클릭하고, 휴무일 정보와 영업시간 그리고 휴
  게시간을 등록합니다.

> **TIP**
>
> 영업시간, 임시 영업일, 휴게시간은 고객이 헛걸음하지 않도
> 록 되도록 자세히 작성하세요.

❸ [부가 정보]에서 해당하는 부가 정보를 선택합니다.

❹ [전화번호]를 입력합니다. 고객이 당근을 통해 전화를 걸면 채팅창을 통해 연결되며, 매장번호 대신 안심번호가 노출됩니다. 고객이 안심번호로 전화를 걸면 '당근에서 걸려 온 전화입니다' 라는 안내 음성이 재생되므로, 비즈프로필 사장님은 당근을 통해 걸려 온 전화임을 미리 알 수 있습니다.

▲ 당근을 통해 전화가 걸려 왔을 때 채팅창에 보이는 화면

홈페이지/SNS 링크 입력하기

당근에서는 인스타그램, 유튜브 등 운영 중인 채널을 자유롭게 홍보할 수 있습니다. 최대 5개까지 등록할 수 있으며, 등록하면 비즈프로필 홈 화면 업체 정보 관리에 그림과 같이 '인스타그램 · 유튜브 · 페이스북 외 1개'와 같이 표시됩니다. 또한 홈페이지를 운영 중이라면 해당 사이트를 입력하는 것도 좋은 방법입니다.

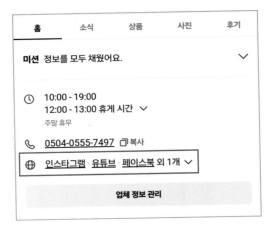

❶ [홈 화면] – [업체 정보 관리]를 클릭합니다.

❷ [홈페이지/SNS 링크]란에 URL 링크 입력 후, 등록을 클릭합니다.

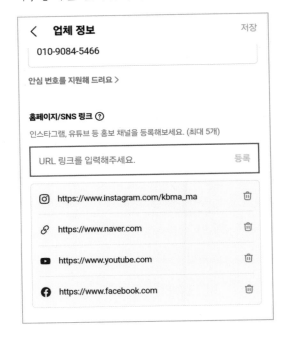

단골 혜택 작성하기

[단골 혜택]은 비즈프로필 단골에게만 주는 서비스입니다. 이 혜택을 설정하면 비즈프로필 [홈 화면]에 노출되므로, 더 많은 단골을 확보하기 위해 꼭 입력하는 것이 좋습니다.

단골 혜택란에는 비즈프로필 단골을 맺고 방문해주신 고객에게만 드리는 특별한 서비스를 등록하세요. 예를 들어 카페라면 '단골 맺기를 해주신 분께 ○○원 상당의 쿠키를 서비스로 드려요' 라거나 맛집이라면 '5% 할인해 드려요'와 같은 혜택을 작성하는 게 좋습니다. 또는 단골 고객을 위한 특별 할인쿠폰을 통해 매장에서 결제할 때 할인 혜택을 적용하는 것도 좋은 방법입니다.

❶ [홈 화면] – [업체 정보 관리] – [단골 혜택]을 입력합니다.

단골 관리

홈 화면 오른쪽 상단의 [단골 관리]를 클릭하면 단골 수, 단골 고객수의 변화를 확인할 수 있습니다. 이곳에서 고객의 주문내역, 후기댓글, 다운받은 쿠폰 등을 조회할 수 있으며, 고객에 대해 기억하고 싶은 내용이 있다면 내용을 메모할 수도 있습니다.

미용실을 운영하는 분이라면 단골 관리에 '짧은 머리를 선호하는 분', '새치 염색보다는 일반 염색을 좋아하심'과 같은 정보를 기록해 두었다가 다음에 방문했을 때, 맞춤 서비스를 해드리면 고객의 마음을 사로잡을 수 있을 것입니다.

여기서 잠깐!

[단골 관리]에서는 채팅 문의, 전화, 후기를 남긴 사람, 단골 알림, 댓글을 남긴 사람, 주문한 사람 등을 확인할 수 있습니다.

- 전체
- 채팅
- 전화
- 후기
- 단골 알림
- 댓글
- 쿠폰
- 주문

공지 작성하기

[공지]에는 이벤트나 휴무일 등의 정보를 작성합니다.

예를 들어, 시즌 음식인 '평양냉면 8월까지만 판매합니다' 또는 '8월 1+1 특별 이벤트' 등의 이벤트 공지를 할 수 있습니다. 또한 '여름휴가 공지'나 '공휴일 일정' 등을 안내하는 것도 좋습니다.

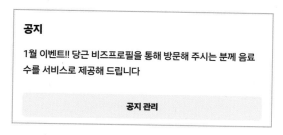

소개 작성하기

비즈프로필 [홈 화면] 내의 [소개] 글은 최대 세줄까지 노출됩니다. 더 긴 내용을 작성할 수는 있으나 세줄이 넘어가면 '...더 보기'가 보이면서 [더보기] 버튼을 클릭해야 나머지 내용을 확인할 수 있습니다. 따라서 [소개] 글에는 세 줄 이내로 가장 중요한 강점을 작성하세요.

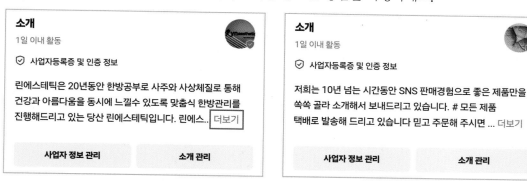

쿠폰 활용하기

고객이 비즈프로필 단골이 되면 비즈프로필에 올린 소식이 단골의 당근 [홈 화면]에 보입니다. 광고하지 않아도 무료로 단골의 [홈 화면]에 노출되기 때문에, 꾸준히 올리는 소식 글만으로도 단골의 재방문을 유도할 수 있습니다.

단골을 모으기 위해서는 '10만 원 체험 쿠폰을 3만 원에!!', '단골 맺고 10% 할인'과 같이 '단골이 되고 싶은 이유'가 있는 쿠폰을 만들어보세요.

▲ 단골 쿠폰 예시

▲ 단골 홈 화면에 단골 가게 상품이 보이는 사진

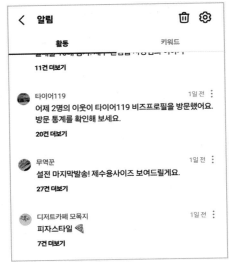

▲ 단골에게 알람이 온 사진

그럼 지금부터 단골 쿠폰 발행 방법을 알아보겠습니다.

❶ [홈 화면] – [쿠폰 관리]를 클릭합니다.

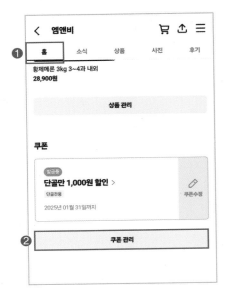

❷ [새 쿠폰 만들기]를 클릭합니다.

❸ 쿠폰의 혜택은 [할인], [증정], [기타] 세 가지로 나눕니다. [할인]은 금액과 할인율 중 하나를 선택할 수 있습니다. 쿠폰을 다운받고 방문하시는 분들께 '5,000원 할인 혜택'을 설정하는 경우, 금액에 '5,000'을 적고 '쿠폰 이름'에는 '방문시 5,000원 할인쿠폰'과 같이 이름을 설정합니다.

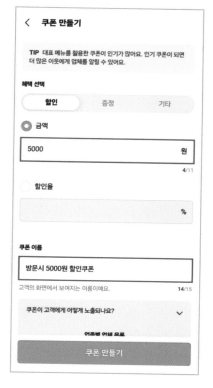

❹ [제공 대상]을 선택합니다. 단골 전용을 선택하면 비즈프로
필에 단골 맺기를 한 고객만 쿠폰을 받을 수 있고, 모든 고
객을 선택하면 단골을 맺지 않은 분들도 쿠폰을 다운받을
수 있습니다.

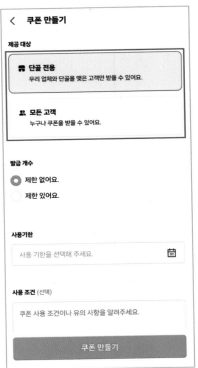

여기서 잠깐!

단골 전용으로 제공 대상을 선택하면 단골의 홈 피드에 아
래와 같이 사진이 보입니다. 단골을 모으면 내 소식을 더 빠
르게 알릴 수 있기 때문에, 쿠폰은 [단골 전용]으로 선택하기
를 추천합니다.

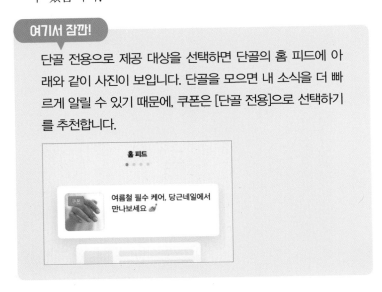

❺ [발급 개수]는 '제한 없어요'와 '제한 있어요' 중 선택합니다.
발급 개수는 고객이 빠르게 단골을 맺고 쿠폰을 받을 수 있
도록 '제한 있어요'를 추천합니다. [사용기한]은 언제까지 쿠
폰을 사용할 수 있는지 선택해 주세요.

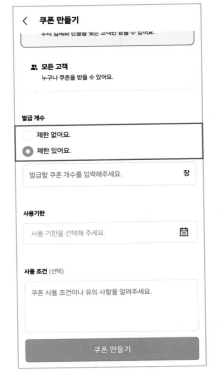

❻ [사용조건]은 선택이지만 '기한이 지나면 쿠폰은 사용이 불
   가합니다'와 같은 문구를 작성해서 기한 내에 단골이 찾아
   오도록 유도하는 것이 좋습니다.

❼ 모든 작업이 끝났으면 [쿠폰 만들기]를 클릭합니다.

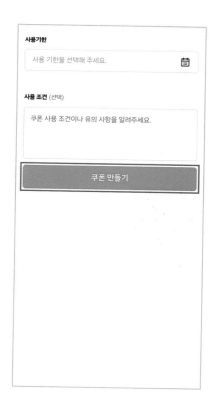

가격 설정하기

음식점이나 카페처럼 고정된 메뉴 가격이 있는 업종이라면 홈 화면에 정확한 가격을 설정하세요. 하지만 이사/용달처럼 거리나 크기별로 가격이 변동되는 경우, 가격을 '11,000원 ~ ' 또는 '별도 문의'로 설정하는 것이 좋습니다.

가격 설정 방법은 두 가지가 있습니다. [가격관리]에서 직접 가격을 입력하는 방법과 [가격 사진 설정]에서 사진을 업로드하는 방법입니다.

1. 사진으로 가격 설정하기

❶ [홈 화면] – [가격 사진 설정]'을 클릭합니다.

❷ [사진 추가]를 선택하고, 메뉴판을 선택 후 [저장]을 누릅니다.

2. 가격 직접 등록하기

❶ [홈 화면] – [가격관리]를 클릭합니다.

❷ [가격 추가]를 선택합니다.

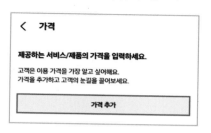

❸ 항목, 가격, 추가설명을 입력합니다. 대표메뉴의 경우 항목 아래 대표메뉴 체크박스를 선택합니다. 만약 가격이 견적을 통해 결정될 때는 '별도 문의'를 선택하고, 가격 범위가 설정될 때는 '범위'를 선택한 후, 최소가격과 최대가격을 입력합니다.

❹ 가격을 입력했는데 추가하고자 하는 경우, [가격 추가]를 클릭합니다. 모두 완료된 후, [저장]을 클릭합니다.

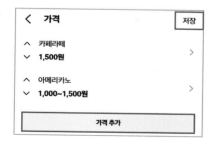

2. 판매상품 등록하기

비즈프로필 관리자가 판매상품을 등록하면 고객은 당근 앱을 이용하여 바로 구매할 수 있습니다. 판매할 수 있는 상품은 배송이나 포장이 가능한 식품을 비롯해 운동, 취미, 의류/잡화, 원예/가드닝, 가전/인테리어, 여가와 클래스 같은 체험권 등이 포함됩니다. 상품 판매가 승인되면 비즈프로필 [홈 화면]이나 [홈 화면] – [상품] 탭에서 판매상품을 등록할 수 있습니다.

당근 비즈프로필은 누구나 만들 수 있지만 견적 받기, 예약 관리, 상품 판매 기능을 이용하려면 사업자 인증이 필요합니다. 이번에는 상품 판매 업종에서의 상품등록 방법과 판매 이후 배송등록 절차까지 자세히 알아보겠습니다.

상품 등록하기

❶ [홈 화면]–[상품]–[상품 관리]를 클릭합니다.　　❷ [상품 등록]을 클릭합니다.

❸ [상품 수령 방식]에서 [배송]과 [포장] 중 선택합니다. 배송
  방법을 [배송]으로 설정하려면 [당일 배송 설정하기] – [일반
  배송]에서 배송비와 배송지역을 설정합니다.

배송비를 무료 혹은 유료로 선택하면 등록된 모든 판매상품의 배송상태가 일괄 적용됩니다. 따라서 모든 상품의 배송 방법을 유료 혹은 무료배송으로 통일시켜야 합니다.

[배송유형]에서 [당일 배송]을 설정하면, 모든 상품에 당일 배송이 적용됩니다. 이 경우, 당일 배송 안내에 배송 조건을 상세히 작성해야 합니다. 또한, [배송비] 옵션을 선택하여 해당 옵션을 설정합니다.

❹ [배송지역]에서 특정 지역으로만 배송하려면 [일부 지역]을 선택합니다. 이 경우, 매장 주소지 근처의 이웃들에게만 상품이 노출됩니다. 그 외의 지역에 노출시키기 위해서는 광고를 통해 노출할 수 있습니다. 특정 지역으로의 배송이 아니면 '모든 지역에 배송 가능해요'를 선택하세요.

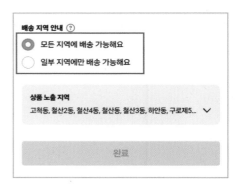

❺ [상품명]을 적습니다. 상품명은 비즈프로필 홈에 노출되므로 상품의 종류, 중량(kg), 이름을 명확하게 작성합니다. 예를 들어, 골드키위를 판매한다면 '광양 골드키위 5kg'처럼 상품명과 중량을 포함해 구체적으로 작성하면 고객이 쉽게 이해할 수 있습니다.

❻ [카테고리]를 선택합니다. 카테고리는 대분류, 중분류, 소분류로 구성됩니다. 상품에 맞는 모든 카테고리를 정확히 선택합니다.

❼ [판매가]를 입력합니다. 서비스나 제품을 할인하여 판매하려면 '할인 판매하기' 체크박스를 선택하고, 최종 판매가를 입력하세요. 특정 기간만 할인을 적용하려면 '특정 기간만 할인'을 선택하고, 할인 기간을 설정합니다. 할인 기간은 최대 14일까지 설정할 수 있으며, '할인 마감 기간'에서 마감 날짜와 시간을 지정할 수 있습니다.

❽ [재고 수량]을 설정하세요. 판매상품 옵션이 있는 경우 재고 수량은 옵션에서만 설정할 수 있습니다.

❾ 판매상품 옵션이 있는 경우, 설정함을 선택하고 [옵션 설정하기]를 클릭합니다.

❿ 지금부터 [옵션]을 설정하겠습니다. [옵션 추가하기]를 클릭합니다.

⓫ [옵션 추가]에서 '옵션 명'을 입력하고 '추가 금액'을 설정합니다. '추가 금액'이 있을 경우, '설정함'으로 선택하고 금액을 입력합니다. 추가 금액을 입력했다면 '재고 수량'을 설정합니다. 재고 수량을 '설정함'으로 선택하면, 설정한 수량이 모두 판매되었을 때 해당 옵션은 자동으로 판매가 중단됩니다.

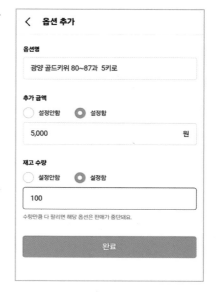

여기서 잠깐!

옵션 가격이 기본 판매가격과 다른 경우, '옵션 금액'은 기본 판매가에서 추가 금액을 더하거나 빼서 입력합니다.

예를 들어, 판매가격이 10,000원이고 옵션 가격이 15,000원이라면 옵션 추가 금액에는 '5,000원'으로 설정합니다. 이렇게 옵션을 추가하면 그림과 같이 설정된 옵션을 확인할 수 있습니다.

여기서 주의할 점은 옵션 추가를 설정할 때, 기본 상품도 옵션 목록에 포함해야 합니다. 만약 기본 옵션 상품이 옵션 목록에 설정되지 않으면 고객이 구매할 때 기본 상품을 확인할 수 없습니다.

⓬ 옵션 설정이 완료되면, 상품의 이미지를 추가합니다. 첫 번째 이미지는 대표 사진으로 설정되어 홈 화면에 노출됩니다. 대표 사진에는 상품의 장점이 잘 드러난 이미지를 사용하세요. [대표 이미지]를 클릭하여 사진을 선택합니다. 최대 10장까지 이미지를 올릴 수 있습니다.

여기서 잠깐!

대표 사진을 선택할 때는 매력적인 이미지를 선택하는 것이 중요합니다. 예를 들어, 농수산물을 판매할 경우, 직접 농사를 짓는 모습이나 포장 및 배송 사진 혹은 제품의 당도를 보여주는 사진이 좋습니다.

▲ 대표 사진 예

▲ 대표 사진 예

❸ [상세 설명]을 적습니다. 상세 설명에 담긴 상품정보는 고객의 신뢰를 얻는데 중요한 요소입니다. 고객의 신뢰를 얻으려면 실제로 상품을 사용해본 사람들의 후기가 포함된 설명이 가장 효과적입니다. 제품을 구매한 고객의 실제 후기를 상세 설명에 포함하여 제품에 대한 상세정보를 적어주세요.

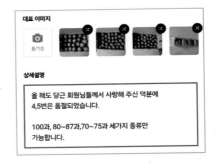

❹ 상세 설명에는 상세페이지나 사진을 첨부하여 올리는 것이 좋습니다. 사진을 올리고자 할 때는 상세 설명 왼쪽 상단의 [사진]을 클릭하고 업로드합니다.

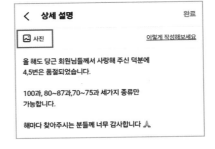

⓯ [상품정보 제공고시] 설정하기

상품정보 제공고시란 인터넷 쇼핑몰이나 모바일 앱 등에서 상품을 구매하고자 하는 소비자들에게 해당 상품의 정보를 정확하게 제공하도록 의무화한 제도입니다. 상품정보 제공고시를 제공해야 하는 품목을 판매하는 경우, 반드시 상품정보 제공고시를 설정해야 합니다. [상품정보 제공고시 설정]을 클릭하고 알맞은 정보를 입력합니다.

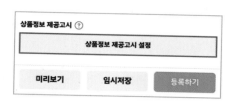

상품정보 제공 고시의 내용이 상세 설명에 포함되어 있다면 '상품상세 참조'라고 적습니다.
모든 내용이 상세 설명에 포함되었으면 아래의 ['상품상세 참조' 전체 입력]을 클릭하여 작성합니다.

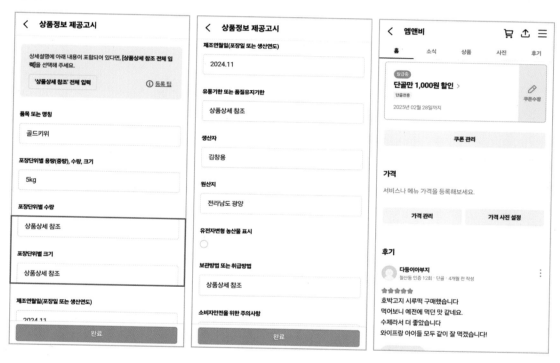

판매상품에서 상품이 판매된다면?

당근 홈 화면 오른쪽 상단에 있는 종 모양 알림 아이콘에 '새로운 주문이 들어왔어요' 라는 알람이 표시되거나, 비즈프로필 관리자에게 당근 알림을 통해 주문이 접수되었다는 알람이 울립니다.

판매상품 주문 확인하기

주문 알림이 관리자에게 울리면 당근 홈 화면의 오른쪽 하단 [나의 당근] – [주문관리]에서 주문을 확인해도 되고, 비즈프로필의 [홈 화면] – [우측 상단 삼선] – [주문관리]를 클릭하여 주문을 확인할 수도 있습니다. 이번에는 비즈프로필 [홈 화면]에서 주문 확인하는 방법을 알아보겠습니다.

❶ [홈 화면] – [우측 상단 삼선] – [주문관리]를 클릭합니다.

❷ [주문 확인]을 클릭합니다. [주문 확인]을 클릭하면 배송상태가 [배송 시작]으로 변경됩니다. 주문자 정보와 배송 정보를 확인하려면 [주문 확인] 버튼 위에 있는 [배송 상품]을 클릭하세요.

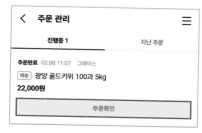 

❸ 제품을 발송하기 위해 배송 정보를 등록합니다. 주문관리에서 [배송 시작]을 클릭합니다. 직접 배달 등의 이유로 운송장 번호가 없는 경우, '운송장 번호가 없어요'를 선택합니다. 택배로 제품을 발송한 경우에는 '운송장 번호가 있어요'를 선택하고, 택배사와 운송장 번호를 입력합니다.

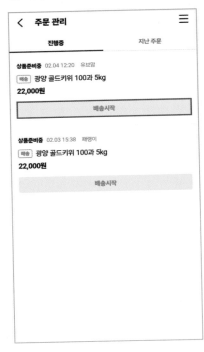
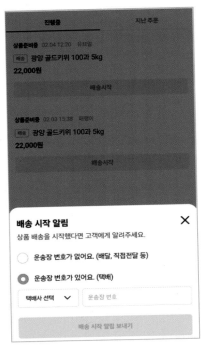

❹ 배송상태가 [배송 중]으로 변경되면 [배송조회]를 클릭했을 때 해당 택배사의 사이트로 이동하며, 배송이 완료되면 자동으로 [배송 완료]로 처리됩니다.

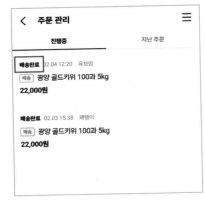

여기서 잠깐!

'상품 판매 수수료'는 얼마인가요?

상품 판매 수수료는 부가세 포함한 금액의 3.3%가 부과됩니다. 이 수수료는 구매가 확정된 주문에 적용됩니다.

최소 주문금액 설정하기

최소 주문금액을 설정하면, 고객이 앱에서 주문할 때 그림 과 같이 표시됩니다. 고객이 최소 주문금액 이상을 구매했 을 때, [바로 구매]를 통해 주문을 진행할 수 있습니다. 최소 주문금액이 있다면 반드시 설정하세요.

❶ [홈 화면] – [우측 상단 삼선] – [최소 주문금액 설정]을 클릭 합니다.

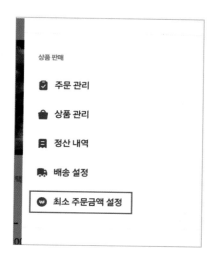

❷ [최소 주문금액]에서 '설정함'을 선택하고, 최소금액을 적습 니다. [완료]를 클릭합니다.

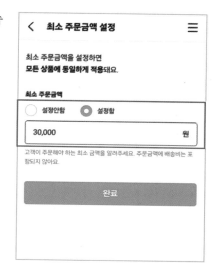

정산 내역 확인하기

판매된 상품의 정산 금액은 [홈 화면]에서 우측 상단 삼선을 클릭한 후, [정산 내역]을 선택하면 확인할 수 있습니다. 이곳에서 예정 정산 금액을 포함한 모든 금액 내역을 확인할 수 있습니다.

3. 예약 기능 활용하기

당근의 예약 기능을 활용하면 고객은 손쉽게 예약을 진행할 수 있고, 사장님은 예약 일정을 효율적으로 관리하거나 스케줄 관리를 할 수 있습니다. 고객이 예약을 완료하면 예약을 등록하자마자, 예약 1일 전 그리고 예약 60분 전 등 세 번의 예약 알림이 자동으로 발송됩니다. 또한, 고객이 예약을 마친 후에는 후기를 요청하는 자동 알림이 추가적으로 발송됩니다.

고객이 직접 예약할 수 있도록 예약 기능을 활성화하는 방법을 알아보겠습니다.

❶ [홈 화면] – 우측상단 [삼선] – [예약 관리]를 클릭합니다.

❷ 오른쪽 위 끝 [설정]을 클릭합니다.

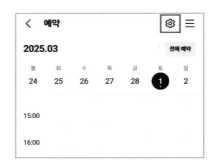

❸ [고객으로부터 예약 받아보기]에서 [정보 등록하기]를 클릭
합니다.

❹ [다음]을 클릭합니다.

❺ 예약 기본 옵션을 선택합니다. 예약받는 시간과 당일 예약 가능 여부 등을 상세히 적어주세요.

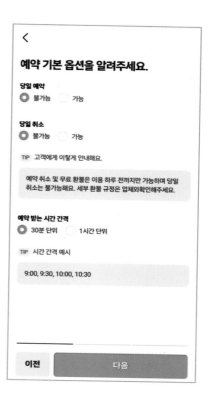

❻ 예약 신청 가능 기간에서는 고객이 예약을 잊지 않도록 하기 위해, 너무 긴 시간보다는 예약 가능 시간을 짧게 설정하는 것이 좋습니다. 또한 기간 설정은 예약에 차질이 생기지 않을 수 있는 날로 정해야 합니다.

❼ 추가정보에서 [예약 확정 방법]을 선택합니다. 당근 외의 예
약이 있을 수 있으므로 [확인 후 수락]을 선택하는 것이 좋
습니다. 이 옵션을 선택하면 예약 요청을 받은 후 24시간 안
에 응답해 주세요.

4. 채팅 자동응답 관리

이번에는 [채팅 자동응답] 설정을 해보겠습니다. 채팅방 자동응답은 최대 30개까지 설정할 수 있
습니다. 당연한 얘기지만 고객의 질문에 빠르게 답변하는 것은 신뢰를 쌓는 데 중요한 역할을 합니
다. 당근 채팅 자동응답 기능을 활용하면, 자주 묻는 질문에 신속하게 답변할 수 있습니다. 또한 고
객의 문의를 놓치지 않고 처리할 수 있다는 점에서 매우 유용합니다.

하지만 자동응답만으로는 모든 상황을 처리할 수 없으므로, 고객의 문의에 직접 답변하는 것이 좋
습니다. 고객의 요구는 다양하고, 구체적인 답변이 필요한 경우가 많기 때문입니다. 예를 들어 '예
약하고 싶은데 어떻게 하나요?' 라는 질문에는 자동응답으로 처리할 수 있지만, '다음 주 화요일 11
시에 예약할 수 있을까요?' 같은 구체적인 질문에는 자동응답만으로는 답변이 어렵습니다.

> **TIP** **자동응답 설정**
>
> 자동응답을 설정하기 전에, 고객이 자주 묻는 질문을 나열하고 그에 대한 답변을 적어보세요. 자동응
> 답은 최대 30개까지 설정할 수 있으므로, 가능하면 고객이 실제로 문의했던 데이터를 바탕으로 질문
> 목록을 만들어 보세요.

지금부터 [채팅 자동응답]을 설정해 보겠습니다.

❶ 홈 화면 우측상단의 [삼선]을 클릭합니다.

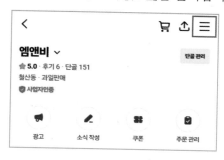

❷ [비즈프로필] – [채팅 자동응답 관리]를 클릭 합니다.

❸ [자동응답 등록하기]를 클릭합니다.

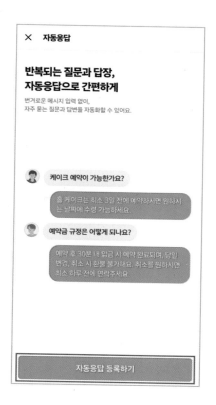

❹ 자주 묻는 질문과 그에 대한 답변을 적습니다.

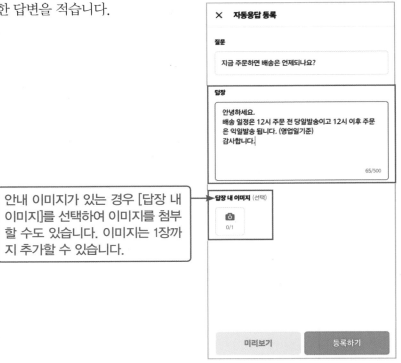

안내 이미지가 있는 경우 [답장 내 이미지]를 선택하여 이미지를 첨부할 수도 있습니다. 이미지는 1장까지 추가할 수 있습니다.

❺ 질문 등록이 완료된 후, [미리보기]로 확인하면 사진과 같이 정상적으로 등록된 것을 확인할 수 있습니다.

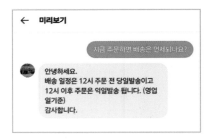

❻ [등록하기]를 클릭하면 자동응답 설정이 완료됩니다.

❼ 등록된 자동응답을 수정하거나 삭제하려면 질문 옆의 점 세
개 아이콘을 클릭한 후, '수정' 또는 '삭제'를 선택합니다.

5. 운영자 관리

당근 비즈프로필은 최대 10명까지 운영자를 추가하여 함께 관리할 수 있습니다. 운영자와 비즈프로필 소유자는 대부분의 권한이 동시에 부여되지만, 비즈프로필 삭제, 양도 기능, 다른 운영자의 권한 회수는 비즈프로필을 만든 운영자만 할 수 있습니다.

❶ [홈 화면 우측상단 삼선] – [비즈프로필] – [운영자 관리]를 클릭합니다.

❷ [운영자 추가하기]를 클릭합니다.

❸ [초대 링크 복사하기]를 클릭하여 운영자로 초대할 사람에게 링크를 보냅니다. 초대받은 사람이 초대를 수락하면 공동 운영자로 등록됩니다.

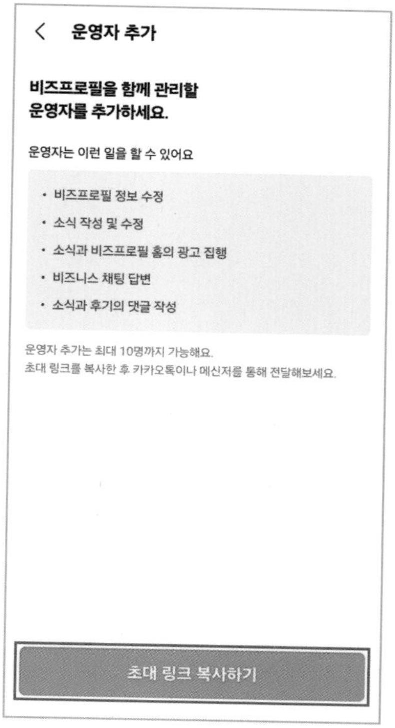

<   **운영자 추가**

**비즈프로필을 함께 관리할
운영자를 추가하세요.**

운영자는 이런 일을 할 수 있어요

- 비즈프로필 정보 수정
- 소식 작성 및 수정
- 소식과 비즈프로필 홈의 광고 집행
- 비즈니스 채팅 답변
- 소식과 후기의 댓글 작성

운영자 추가는 최대 10명까지 가능해요.
초대 링크를 복사한 후 카카오톡이나 메신저를 통해 전달해보세요.

초대 링크 복사하기

방문을 부르는 소식 글, 어떻게 써야 할까요?

소식 글은 단순한 공지가 아니라, 고객에게 내 가게를 알리는 가장 중요한 도구입니다.
제목과 첫 문장, 사진과 후기까지 전략적으로 구성하면 자연스럽게 고객은 나에게 찾아옵니다.
이 장에서는 방문으로 이어지는 소식 글 작성 방법과 운영의 실전 노하우를 살펴봅니다.

Step 5

소식 작성하기

05 : 소식 작성하기

지금까지 당근 비즈니스의 프로필을 꾸며보았습니다. 이제는 소식을 작성할 차례입니다. 주변에서 종종 "당근 비즈니스가 뭐야?" 라고 묻는 사람들이 있습니다. 저는 네이버와 비교해서 설명하곤 합니다. 당근 비즈니스는 블로그와 비슷하고, 당근의 동네 생활 탭에 있는 동네 모임은 네이버 카페와 유사하다고 말이죠.

당근은 내 가게의 소식을 올리는 것만으로도 무료로 주변 고객에게 내 가게를 알릴 수 있습니다. 따로 복잡한 알고리즘을 이해할 필요 없이, 누구나 손쉽게 글을 올릴 수 있다는 점이 장점입니다. 이때, 소식은 당근 비즈니스에서 고객의 신뢰를 쌓는 데 가장 중요한 요소입니다.

1. 소식 글에서 꼭 필요한 세 가지!

누구나 처음 비즈프로필을 만들고 운영하기 시작하면 어떤 글, 어떤 사진을 소식에 써야 할지 고민합니다. 비즈프로필을 운영하기 전에 꼭 이 세 가지를 생각해 보세요.

첫째, 비즈프로필을 통해서 내가 원하는 결과가 무엇인지 생각해 보세요
소식을 통해 고객이 내 가게를 방문하도록 유도할 것인지, 재구매를 유도할 것인지 혹은 문의가 오도록 하는 것인지, 아니면 브랜드를 알리는 것이 목표인지 먼저 고민해 보세요. 목표가 명확해야 소식의 방향을 정할 수 있습니다.

둘째, 타겟이 정해졌다면, 그들을 위해 내가 할 수 있는 것이 무엇인지 생각해 보세요
예를 들어, 혼밥 고객을 타겟으로 한다면, 혼자서 편하게 식사할 수 있는 자리를 마련하는 것이 좋습니다. 낮 동안 학부모 모임이 많은 지역에 있는 카페라면, 여러 명이 함께 앉을 수 있도록 넓은 테이블을 배치하거나, 필요할 때 테이블을 붙여 많은 사람이 사용할 수 있도록 구성하는 것도 좋은 방법입니다.

셋째, 남들과 차별화된 나만의 강점을 진정성 있게 전달하세요

소식을 통해 후기를 꾸준히 공유하면서 나만의 강점을 강조해도 됩니다. 꼭 성공사례일 필요는 없습니다. 예를 들어, 예약제로 운영되는 한 케이크 가게에서는 고객에게 주문 받은 케이크 위의 꽃 장식이 마음에 들지 않아 다시 만드는 과정을 소식에 올렸습니다. 이 게시글을 본 고객들은 사장님의 정성에 감동했고, 신뢰가 쌓이며 더 많은 주문으로 이어졌습니다. 다른 고객의 후기를 소식에 올리는 것도 좋지만, 자연스럽게 고객의 마음을 움직일 수 있는 후기를 직접 작성하는 것도 효과적인 방법입니다.

2. 소식 작성할 때 꼭 기억해야 하는 두 가지!

첫째, 초두효과입니다

미국의 사회 심리학자 솔로몬 애쉬는 첫인상이 이후의 인상에 미치는 영향을 실험으로 입증했습니다. 실험에서 A집단과 B집단에 동일한 인물을 다르게 소개했는데, A집단에는 "똑똑하고 근면하며, 충동적이고 비판적이며, 고집이 세고 질투심이 강하다"고 소개했고, B집단에는 "질투심이 강하고, 고집이 세며, 비판적이고, 충동적이며, 근면하고 똑똑하다' 라고 소개했습니다. 그 결과 A집단은 인물에 대해 긍정적인 평가를 내렸고 B집단은 부정적인 평가를 내렸습니다.

이 실험은 첫인상이 얼마나 중요한지를 보여줍니다. 비즈프로필에서도 소식글의 첫 시작이 중요합니다. 첫 문장을 어떻게 작성하였느냐에 따라 고객이 이 소식을 계속 읽을지 아니면 이탈할지 결정됩니다. 첫 문장엔 간결하면서도 가장 중요한 메시지를 담아내야 하며, 이 소식에서 전달하고자 하는 가장 중요한 강점을 써보세요.
또한 소식을 클릭하기 전 가장 먼저 접하는 것은 제목입니다. 제목은 가장 함축적이고 강점을 잘 알릴 수 있게 표현해 보세요.

둘째, 고객이 걸어오게 하는 가게를 만들기 위해서는 고객의 마음을 알아야 한다는 점입니다

그들이 원하는 것, 그들의 욕구와 결핍을 이해하고 그에 맞는 소식을 전달하면, 그들은 자연스럽게 내 가게에 찾아 올 것입니다.

계절이 바뀌는 3월, A씨는 헌 옷을 정리하면서 '버리기에는 좀 아깝다' 라고 생각했습니다. 그러던 중 당근에서 헌 옷을 수거해서 위탁판매 한다는 글을 보고, 헌옷수거 업체에 전화를 걸어 2만 원의 수익을 얻었습니다. 이처럼 고객의 욕구와 결핍을 파악하고 그들의 문제를 해결해주는 정보를 제공하면, 그들은 내 가게에 찾아올 것입니다.

3. 소식 작성하기 실전

소식을 작성하려면 [홈 화면] 상단의 [소식 작성]을 클릭하거나, [홈 화면] 내 [소식] 탭에서 [소식 작성]을 클릭해도 됩니다.

▲ [홈 화면]–[소식 작성] 사진

당근 소식 작성에는 두 가지 방식이 있습니다. 사진과 글 혼합 방식과 사진 모아보기 방식입니다.

첫 번째, 사진과 글을 혼합하는 방식은 최대 20장의 사진을 업로드할 수 있습니다. 두 번째, 사진 모아보기 방식은 최대 10장의 사진을 업로드할 수 있습니다. 블로그처럼 긴 내용을 작성하고자 한다면 혼합 방식을 추천합니다.

사진과 글 혼합 에디터 사용하기

❶ 글쓰기 방식은 하단의 [에디터 설정]에서 확인할 수 있습니다.

❷ '사진+글 혼합 에디터로 바꾸시겠어요?'에서 [변경]을 클릭합니다.

❸ 소식 [제목]을 작성합니다.

▲ 제목 예시

여기서 잠깐!

제목 작성할 때 유의할 점

제목을 작성할 때 가장 중요한 요소는 바로 헤드라인입니다. 고객이 글을 읽을지 말지를 결정하는 첫 번째 기준은 제목이기 때문입니다. 제목에는 고객에게 꼭 알리고 싶은 브랜드 스토리, 후기, 혜택 등을 간결하게 담아보세요. 또한 고객의 고민이나 고충을 해결해 줄 문장이나 숫자 혹은 증거를 포함하면 더욱 좋습니다.

스토리 설계자의 저자 러셀브런슨은 "헤드라인의 목적은 단순하다. 사람들이 하던 일을 멈추고 당신이 제시하는 무언가를 읽게(또는 보게) 만드는 것이다" 라고 말했습니다.
제목을 쓰는 목표는 사람들이 제목에 관심을 두고 클릭하도록 유도하는 것입니다. 매력적이고 신뢰가 가는 제목을 만들어 보세요.

❹ 소식을 작성합니다. 사진과 글 혼합 에디터를 활용하고 있다면 사진 – 글 – 사진 – 글 순서로 작성하는 것이 좋습니다. 이렇게 하면 고객이 글을 읽을 때 지루하지 않고 이해하기 쉽게 할 수 있습니다. 또한 글 중간에 사진, 동영상, 쿠폰을 삽입하려면 글쓰기 하단에 있는 사진, 동영상, 쿠폰 아이콘을 클릭하여 원하는 항목을 추가합니다.

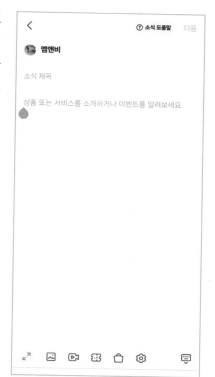

TIP　　**첨부 용량**

첨부 용량은 사진 가로 세로 1080px~1440px 최대 용량 10MB까지이며, 동영상은 60초 이하로 200MB까지입니다.

여기서 잠깐!

소식 글에는 어떤 내용이 좋을까?

헬스장이나 필라테스를 운영 중이라면 내부 사진, 운동 전후 비교 사진, 고객의 리뷰 등을 소식 글에 올리는 것이 좋습니다. 또한 클래스와 같은 업종에서는 실제 고객의 체험 리뷰와 자세한 클래스 일정 등을 포함하는 것도 효과적입니다.

배송이나 포장이 가능한 식품을 판매하는 경우, 고객은 나와 가족을 위한 믿을 수 있는 상품을 구매하고자 합니다. 그러므로 상세 설명에는 제품에 대한 정보를 자세히 적는게 좋습니다.

예를 들어, 상품의 원산지, 배송일, 유통기한과 같은 기본적인 정보는 물론이고 보관 방법, 포장 상태, 재배 과정, 고객 후기 등의 사진을 함께 올리는 것이 좋습니다. 또한 크기 비교 사진이나 제품의 단면 사진 등 신뢰감을 줄 수 있는 사진을 올려주세요. 이렇듯 소식 글에는 전후 비교 사진, 리뷰, 일정 등을 포함하여 작성하는 것이 좋습니다.

❺ 소식을 작성할 때 업로드와 동시에 올린 소식을 광고하려면 [소식 광고하기] 버튼을 클릭하여 광고를 설정합니다. [단골 알림]은 [단골 맺기] 버튼을 눌러 소식을 구독한 단골에게 새로운 소식을 알림으로 보내고 싶을 때 사용합니다. 설정이 완료되면 우측 상단의 [완료] 버튼을 클릭합니다.

사진 모아보기 에디터 사용하기

❶ [카메라 모양]을 클릭하여 사진을 선택합니다. 사진은 총 10
장까지 첨부됩니다. [소식 제목]을 쓰고 [소식]을 작성합니다.

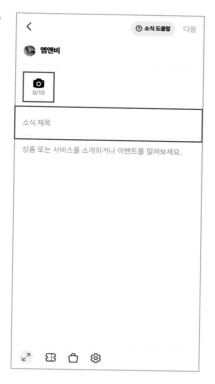

❷ 여기서부터는 사진 글 혼합 에디터와 방법이 동일합니다. 소식을 작성할 때 업로드와 동시에 올
린 소식을 광고하려면 [소식 광고하기] 버튼을 클릭하여 광고합니다. [단골 알림]은 [단골 맺기]
버튼을 눌러 소식을 구독한 단골에게 새로운 소식을 알림으로 보내고 싶을 때 사용합니다. 설정
이 완료되면 오른쪽 위 끝의 [완료] 버튼을 클릭합니다.

이제는 필수! 짧은 영상 하나로 고객의 관심을 끌어보세요.

진심이 담긴 짧은 스토리는 텍스트보다 더 빠르게 고객의 마음을 움직일 수 있습니다.
짧은 영상 하나만으로도 가게의 분위기나 서비스를 효과적으로 알려 신뢰를 쌓을 수 있습니다.
이 장에서는 스토리로 방문을 이끄는 실전 활용법을 알아봅니다.

Step 6

숏폼이 대세다!
스토리 적극 활용하기

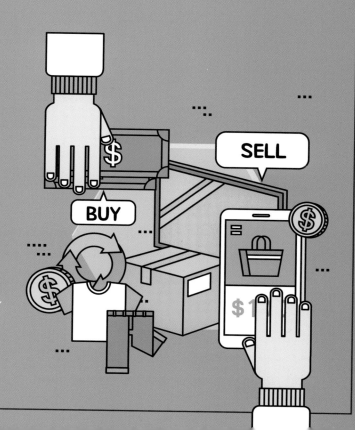

06 : 숏폼이 대세다! 스토리 적극 활용하기

인스타그램 릴스, 유튜브 쇼츠, 틱톡, 네이버 블로그의 클립 등 다양한 플랫폼에서 숏폼 영상이 주도하고 있습니다. 이러한 변화에 따라 SNS에서 숏폼을 활용한 마케팅은 점점 더 중요한 요소가 되었습니다. 숏폼을 통해 매출이 3배 증가했다는 이야기는 이제 주변에서 종종 들려오는 이야기입니다. 유명 유튜버 A씨가 방문한 속초의 한 맛집은 그의 유튜브에 영상에 방영된 이후, 많은 사람이 줄을 서야 먹을 수 있는 맛집이 되었습니다.

당근에서도 숏폼의 흐름을 따라 '스토리' 기능을 도입했습니다. '스토리'란 당근 내에서 60초 이내의 짧은 영상을 올릴 수 있는 기능입니다. 이를 통해 제품이나 서비스의 장점을 보여주거나, 할인 이벤트나 프로모션 등을 홍보할 수 있습니다.

특히 당근에는 일반 사용자도 [나의 당근] – [스토리]에서 숏폼 영상을 업로드할 수 있습니다. 사용자는 자신이 방문한 장소나 먹어본 맛집 등을 숏폼 영상으로 공유할 수 있으며, 이 영상은 당근 사용자의 [나의 당근] – [서비스] – [스토리]에 노출되어 자연스럽게 바이럴 마케팅이 될 수 있습니다. 또한 이 스토리는 해당 비즈니스 계정의 스토리에도 자동으로 게시되어, 비즈프로필을 방문한 사람들에게도 노출됩니다.

이러한 기능을 활용하여 스토리를 꼭 사용하세요. 이제부터 당근 스토리를 만드는 노하우를 알아보겠습니다.

1. 당근 스토리 활용법

스토리는 직접 만들어 올리는 것도 좋지만, 내 가게에 방문한 사람들이 스토리를 만들어 올리는 게 더 좋습니다. 고객들에게 스토리 이벤트 등을 통해 스토리를 올리도록 유도해보세요.

당근 비즈프로필 운영자가 직접 영상을 만들어 올리고자 한다면 캡컷, VITA, 블로, 어도비와 같은 편집 툴을 활용하여 영상을 편집하면 됩니다. 영상에는 설명하는 텍스트와 오디오를 넣어서 사람들의 이목을 집중시켜 주세요.

진심이 담긴 이야기

스토리에서는 무엇보다 '사장님의 진심이 담긴 이야기'가 중요합니다. 예를 들어, 일식집을 운영하는 사장님이라면 가게를 오픈하게 된 계기나 매일 사용하는 신선한 재료에 관한 이야기를 영상으로 담아보세요. 이렇게 하면 고객의 신뢰도가 높아지고, 자연스럽게 일식집에 방문하고 싶어 할 것입니다.

또한 카페를 운영하는 사장님이라면 '디저트가 맛있는 카페'라거나 '최고급 원두만을 고집하는 곳'과 같은 나만의 특별한 장점을 나타낼 수 있는 스토리를 숏폼 영상으로 만들어 보세요. 당근은 주변의 사람들이 많이 찾아주는 게 특징이므로 친근한 스토리와 사장님의 매력이 담긴 내용이 들어가도 좋습니다.

영상

스토리가 준비되었다면 이제 영상을 만들 차례입니다. 영상은 세로 영상으로 찍는 것이 좋습니다. 가로 영상을 업로드할 경우, 위아래가 검은 화면으로 잘려 보일 수 있어 시청자의 집중도가 떨어질 수 있기 때문입니다. 영상을 화면 가득 채워 몰입도를 높이고, 화면 전환 시 다양한 효과를 활용해 시청자가 영상에서 이탈하지 않도록 만들어 보세요.

▲ 좋은 예

▲ 나쁜 예

영상을 찍기 전 가장 먼저 해야 할 일은 '카메라 렌즈 닦기'입니다. 당연한 것처럼 느껴지겠지만 카메라의 렌즈를 닦지 않아서 흐린 영상을 찍어서 올리는 경우가 종종 있습니다.

또한 스마트폰의 기능을 조금만 조정해도 훨씬 더 전문적인 화질로 촬영할 수 있습니다.
갤럭시에서는 카메라 기능 중 '프로동영상' 모드를 활용하여 전문적인 화질의 영상을 찍을 수 있고,
아이폰에서는 '시네마틱' 모드를 활용하여 영상을 찍어서 영화 같은 영상을 촬영할 수 있습니다.

당근 비즈프로필 숏폼 만들기

❶ 당근 비즈프로필 [홈 화면] – [스토리 올리기]를 클릭합니다.

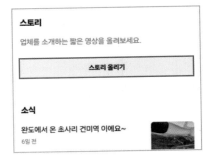

❷ [영상 등록]을 클릭한 후, 갤러리에서 5~60초 사이의 영상을 선택합니다. 너무 짧은 영상보다는 20~40초 사이의 영상을 추천합니다.

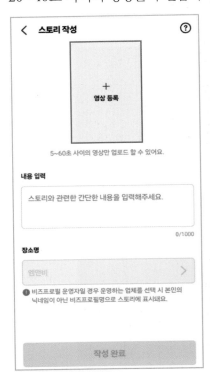

TIP

영상을 만들 때는 영상에 텍스트도 넣어서 만들어 주세요. 텍스트가 들어간 영상에 음악과 소리를 넣어주면 사람들의 이목을 끌기 좋습니다.

❸ [내용 입력] 란에는 스토리와 관련된 내용을 입력합니다. 내용은 최대 1,000자까지 입력할 수 있습니다. 하지만 작성한 내용 중 두 줄까지만 영상 아래에 노출됩니다. 따라서 초반 33~35자까지는 반드시 눈길을 끌 수 있는 문장이나 키워드를 활용하세요.

적은 예산으로도 고객을 만나는 광고, 어떻게 시작할 수 있을까요?

당근 광고는 피드, 검색, 웹사이트 광고 등 다양한 방식으로 고객에게 도달할 수 있습니다.
광고 콘텐츠만 잘 만들어도 단골 유입과 매출 증대로 이어지는 결과를 만들 수 있죠.
이 장에서는 당근 광고의 종류부터 운영 전략까지 실전 노하우를 살펴봅니다.

Step 7

당근 광고로 매출
3배 올리기

07 : 당근 광고로 매출 3배 올리기

당근의 가장 큰 장점은 별도의 광고 없이도 글을 올리는 것만으로 동네 사람들에게 내 글이나 가게가 자연스럽게 노출된다는 점입니다. 하지만 이것은 내 가게가 있는 지역 내에서만 노출된다는 한계가 있습니다. 예를 들어 가산동에서 이삿짐센터를 운영하는 경우, 단순히 가산동과 인근 지역뿐 아니라 광명, 안양까지도 모객을 원할 수 있습니다. 이럴 때는 광고를 활용하여 원하는 지역까지 홍보할 수 있습니다.

저 역시 타이어 가게를 운영할 당시, 광명뿐만 아니라 서울지역까지 광고를 진행했고, 그 결과 서울지역에서의 모객에 성공할 수 있었습니다.

당근 광고에서의 첫걸음은 '클릭'입니다. 아무리 잘 만든 광고라도 고객이 클릭하지 않으면 아무런 효과도 발휘할 수 없습니다. 당근 광고는 우측의 사진처럼 당근 사용자들의 홈 화면에 보입니다. 사람들은 홈 화면에서 중고 물품을 확인하기 위해 아래로 스크롤 하다가 광고를 보게 되는데, 스크롤 하는 속도가 빠르면 빠를수록 광고를 클릭할 확률이 낮아집니다. 그러니 고객이 스크롤 하다가도 멈추고 관심을 갖게하는 매력적인 광고를 만드는 것이 중요합니다. 궁금증을 유발하는 사진과 제목을 활용해 클릭할 수 있는 광고를 만들어 보세요.

고객이 광고를 클릭하고 소식 글을 보게 되었을 때, 매력적인 소식 글 역시 중요한 역할을 합니다. 소식 글에 대한 구체적인 내용은 'Step 5 소식 작성하기'에서 다루었으므로, 이 장에서는 별도로 언급하지 않겠습니다.

1. 당근 광고에서 중요한 두 가지

고객의 클릭을 부르는 광고를 위한 첫 번째 요소는 바로 광고에 들어가는 사진입니다. 고객이 홈 화면에서 가장 먼저 접하는 것은 사진입니다. 사진은 내 제품과 서비스를 한눈에 알릴 수 있는 사진으로 올리세요. 전과 후를 한눈에 비교할 수 있는 사진이나 제품의 사실적인 사진만으로도 고객의 집중을 끌어올릴 수 있습니다. 만약 편집 프로그램으로 만들어진 뻔한 광고 이미지를 올린다면 고객은 무시하고 빠르게 스크롤 해버릴지도 모릅니다.

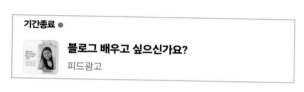

▲ 나쁜 예

두 번째 요소는 광고 제목입니다. 요즘은 인터넷 기사에도 자극적인 타이틀이 종종 보입니다. 'A 연예인과 B 연예인이 10년 만에 경사났네' 라거나 'C 씨가 이혼했다'는 식의 제목입니다. 제목을 보고 궁금해서 내용을 읽어보면, 실제 내용은 제목과는 다르게 일반적인 기사 내용이거나, 드라마의 줄거리를 제목으로 옮겨 놓은 경우도 있습니다. 제목이랑 기사 내용이 너무 달라 괜히 클릭했다는 생각이 들기도 합니다. 핵심은, 그럼에도 불구하고 '클릭'을 한다는 것입니다. 주의할 점은 클릭을 유발하기 위해 자극적인 제목을 쓰라는 것은 아닙니다. 최대한 고객이 '궁금해할 만한' 또는 당근 사용자들이 '클릭하고 싶은' 제목을 작성하는 것이 중요하다는 것입니다. 내 가게만의 서비스와 장점을 포함한 내용이면 더욱 좋습니다.

제목에는 후기가 포함된 내용이나 구체적인 숫자, 또는 전후 변화가 확실한 정보를 담은 내용 등을 담는 것이 좋습니다. 또한 고객의 고민을 해결해주는 제목도 좋습니다. 예를 들어 자녀의 학업 성적이 좋지 않아 학원을 찾고 있는 부모라면, 아래의 광고를 보고 자연스럽게 클릭하게 될 것입니다.

2. 당근 광고의 종류 세 가지

당근에서는 세 가지 광고를 진행할 수 있습니다. 피드 광고, 검색 광고, 웹사이트 광고입니다. 지금부터 각각의 특징을 알아보겠습니다.

피드 광고

피드 광고는 당근 사용자의 홈 화면 게시글과 게시글 사이에 노출되는 광고입니다. 당근 앱을 열면 가장 먼저 보게 되는 화면이 홈 화면인데 이 화면의 중고 물품과 중고 물품 사이에 광고 글이 보입니다. 사용자가 본인의 홈 화면에서 무심코 보게 되는 화면으로, 이곳에 광고하면 사람들의 눈에 띄어 광고가 노출될 확률이 높습니다. 당근에서는 중고 물품뿐만 아니라 다양한 상품과 서비스에도 관심을 두는 사람들이 많기 때문에, 피드 광고를 적극적으로 활용해 보세요.

▲ 피드 광고 예시

검색 광고

검색 광고는 당근 사용자가 홈 화면에서 특정 키워드를 검색할 때 노출되는 광고입니다. 피드 광고에 비해 노출 확률은 낮지만, 사용자가 관심 있는 키워드를 검색한 것이므로, 타겟에 맞는 노출이 이루어져 문의나 예약 등을 받을 확률이 높습니다.

예를 들어, 당근 사용자가 검색창에 '헬스장'을 검색하면 검색 광고 중인 헬스장 정보가 상단에 노출되고, 그 아래로 동네 업체들이 검색됩니다.

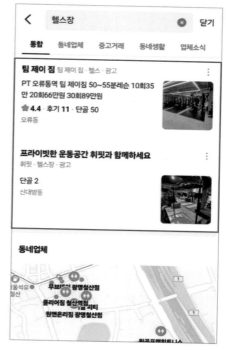

▲ 검색 광고 예시

웹사이트 광고

웹사이트 광고는 피드 광고처럼 당근 사용자의 홈 화면 게시글과 게시글 사이에 노출되는 광고입니다. 이 광고를 클릭하면 당근 사용자는 업체가 지정한 웹사이트로 연결됩니다. 비즈프로필 운영자가 운영하는 홈페이지 또는 SNS 등 다양한 사이트로 연결할 수 있어, 해당 사이트를 홍보할 수도 있습니다. 홈페이지, SNS 등을 운영 중인 분이라면 웹사이트 광고를 활용해 보세요.

또한 정수기나 보험 등과 같이 랜딩 페이지가 있는 업종이라면 랜딩 페이지 URL을 지정하여 예약이나 문의를 받을 수도 있습니다.

▲ 웹사이트 광고 예시

3. 당근 광고하기 실전

우리 동네에는 줄을 서야 먹을 수 있기로 유명한 곱창 가게가 있습니다. 동네에 곱창 가게가 서너 군데 있지만, 유독 이 집에는 항상 줄이 깁니다. 그 곱창집의 음식이 맛있긴 하지만 그렇다고 다른 곳에 비해 특별히 맛있는 것도 아니고, 가격이 다른 곳에 비해 저렴한 것도, 인테리어가 특별히 멋진 것도 아닙니다. 그럼에도 불구하고 곱창을 먹으러 갈 때면 이 집이 가장 먼저 떠오르고 결국 줄을 서게 됩니다. 반면 옆집 가게는 항상 자리가 한가합니다. 가게 옆을 지나칠 때마다 비어있는 자리가 아쉽게 느껴집니다. 이 가게는 벌써 몇 번째 주인이 바뀐 건지 셀 수도 없을 정도입니다.

미국의 심리학자 스탠리 밀그램이 뉴욕에서 '하늘 올려다보기' 실험을 진행했습니다. 실험에서는 한 명이 길에서 하늘을 올려다보면 대부분의 사람들은 그냥 지나쳤습니다. 하지만 두 명의 사람이 동시에 하늘을 올려다보자 더 많은 사람이 그들을 따라 하늘을 올려다보았습니다. 이번에는 세 명이 동시에 하늘을 올려다보자, 무려 80%의 사람들이 하늘을 바라보았습니다. 이와 같은 현상은 온라인에서도 자주 볼 수 있습니다. 후기와 댓글이 많이 달린 글일수록 사람들은 더 관심을 가지고 신뢰하게 됩니다.

동네 곱창 가게에 손님이 많은 것도 이 심리가 적용되었다는 생각이 듭니다. 손님이 많아 줄을 서면 설수록 사람들은 이 가게에는 특별한 것이 있는지 궁금한 마음에 줄을 서게 됩니다.
광고를 하기 전 소식을 정성스럽게 올려보세요. 그리고 먼저 후기와 댓글을 받을 수 있도록 노력해 보세요. 당근 비즈니스에 단골이 많다면 자연스럽게 댓글과 후기도 늘어날 것입니다. 하지만 당근 비즈니스 초기 단계라면, 실제로 가게의 제품과 서비스를 이용한 고객들에게 후기를 요청하거나, 이벤트 등을 통해 후기와 댓글을 유도할 수도 있습니다.

당근 광고 시작하기

❶ [나의 당근] – [나의 비즈니스] – [광고]에서 광고를 진행하거나, 비즈프로필 [홈 화면]에서 [광고]를 클릭하여도 됩니다.

❷ 오른쪽 하단 [+ 광고 만들기]를 클릭합니다.

❸ [피드 광고], [검색광고] 중 하나를 선택합니다. 만약 [웹사이트] 광고를 하려면 [피드 광고] – [웹사이트] 광고를 선택합니다.

지금까지 [피드 광고], [검색광고], [웹사이트] 광고를 시작하는 방법에 관해 설명했습니다. 광고를 시작하는 방법은 세 가지 모두 동일하므로 더 이상 설명하지 않겠습니다. 이제부터는 이후 각각의 광고 방법에 대해 알아보겠습니다.

피드 광고

❶ 광고하려는 [비즈프로필]을 선택합니다.

❷ 광고할 내용을 선택합니다. 선택 옵션은 [비즈프로필 홈으로 광고]와 [소식/상품으로 광고] 두 가지입니다. [비즈프로필 홈]을 선택하면 당근 사용자가 광고를 클릭했을 때 비즈프로필 홈으로 이동하고, [소식/상품으로 광고]를 선택하면 사용자가 광고를 클릭했을 때 해당 소식이나 상품 페이지로 이동합니다. 만약 상품을 판매하지 않는 비즈프로필이라면 '상품 사이트로 이동' 옵션은 적용되지 않습니다. 따라서 [소식/상품으로 광고]가 아닌 [소식으로 광고]가 보입니다. 여기에서는 [소식/상품으로 광고]를 선택했습니다.

❸ [광고 미리보기] 화면에서 [광고 소재 수정하기]를 활성화 한 다음, '사진'과 '광고 제목'을 수정합니다.

광고 제목은 AI를 통해 추천받을 수도 있습니다. [광고 제목 추천받기]를 클릭하면 AI가 제안하는 광고 제목을 확인할 수 있습니다. 하지만 AI가 추천한 제목이 소식 내용과 일치하지 않을 수 있으므로, 반드시 제목을 소식 내용에 맞게 수정한 후 사용하기를 권장합니다.

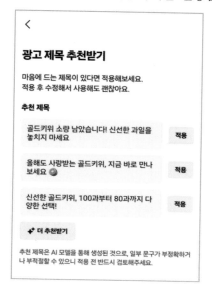

▲ AI로 추천받은 문구

❹ [내 지역 표시]를 클릭하면 가게의 지역 정보가 노출됩니다. 학원, 병원 혹은 헬스장 등 지역 정보를 알리고자 할 경우 [내 지역 표시]를 클릭합니다. 하지만 지역과 상관없이 택배 배송이 가능한 상품이라면 [내 지역 표시]를 하지 않아도 됩니다. 설정이 완료되면 [다음]을 클릭합니다.

❺ 광고할 지역을 선택하세요. 광고 지역 선택은 [직접 선택]과 [주변 범위] 두 가지 방법이 있습니다. [직접 선택]을 선택하면 광고할 지역을 직접 설정할 수도 있고, 내 가게 주변으로 지역을 추천받을 수도 있습니다. 또는 [시/구 단위로 보기]를 클릭하여 시/구 단위로 검색하여 지역을 설정할 수도 있습니다. 돋보기 모양의 검색창에 원하는 지역을 입력하여 선택합니다.

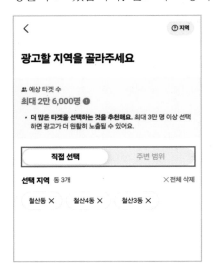 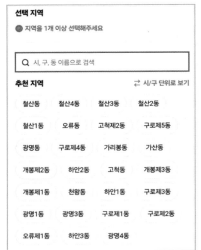

[주변 범위]로 광고할 지역을 선택하려면 상단 바를 좌우로 움직여 가게 위치를 기준으로 광고 범위를 설정합니다. 상단 바를 조정하여 도보, 자전거, 자동차 범위 중에서 선택합니다.

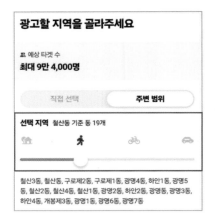

여기서 잠깐!

광고 지역 선택 기준은?

당근에서 광고할 지역을 선택하면 예상 타겟 수가 표시됩니다. 이것은 지역과 성별, 연령 조건에 맞춰 예상되는 사람 수를 의미합니다. 광고할 지역을 선택할 때는 업종에 맞춰 선택하는 것이 중요합니다. 학원, 헬스장, 필라테스와 같이 가까운 거리에 있는 가게를 선호하는 업종이라면 1.5km 이내로 광고하는 것이 좋습니다. 취미와 여가, 뷰티나 미용실, 음식점과 같은 매장이라면 3km 이내에 광고하는 것이 적합합니다. 농수산물, 가전, 도서, 패션 등 전국적으로 택배 발송이 가능한 상품을 판매한다면 전국 모든 지역에 광고하는 것을 추천합니다.

❻ 지역을 설정한 후에는 [성별 및 연령]을 설정해야 합니다. [성별 및 연령]을 클릭하여 원하는 대상을 선택하세요. 이것을 설정하지 않고 광고를 집행하면 타겟과 관계없는 사람들에게도 광고 글이 노출될 수 있으므로 반드시 [성별 및 연령]을 설정하셔야 합니다. [성별 및 연령] 선택 후 [완료]를 클릭합니다.

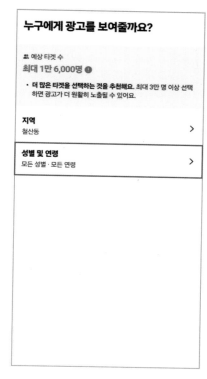
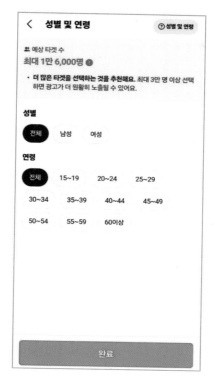

❼ 설정 완료 후 [다음]을 클릭합니다.

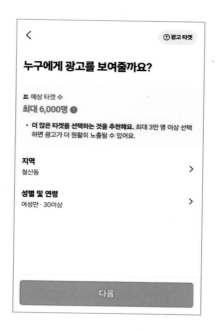

❽ 이제 [예산]을 설정하겠습니다. [하루 예산]에 하루 동안 광고할 최대 금액을 입력합니다. [일정]에서는 [지금 시작]과 [나중에 시작] 중 선택합니다. [지금 시작]을 선택하면 광고 승인이 완료된 후 즉시 노출되고, [나중에 시작]을 선택하면 설정한 '시작일'과 '종료일' 동안 광고가 집행됩니다.

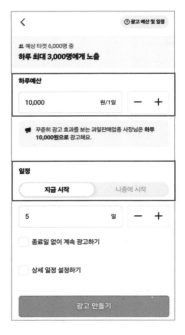

종료일 없이 광고를 지속하거나 요일과 시간을 다르게 설정하여 광고하고 싶다면 하단의 [종료일 없이 계속 광고하기] 또는 [상세 일정 설정하기]를 선택하여 원하는 일정으로 세팅합니다. 모든 설정을 완료한 후 [광고 만들기] 버튼을 누르면 광고가 최종 등록됩니다.

광고비는 얼마가 좋을까?

광고 예상 비용은 얼마로 정하는 것이 좋을까요? 피드 광고는 고객이 광고를 클릭할 때만 비용이 발생합니다. 단순히 내 글이 고객에게 노출되었다고 해서 광고비가 지출되는 것은 아닙니다. 업종마다 하루 예산 금액이 다를 수 있습니다. 처음에는 적정 금액을 설정하기 어려울 수 있으니 하루 7천 원부터 1만 원 정도로 시작해보세요. 이후 광고 성과를 분석하며 예산을 조정하는 것이 좋습니다.

피드 광고를 진행한 결과 광고의 효율이 높다면, 해당 소식 글에 더 높은 예산을 설정하여 광고를 확대할 수도 있습니다. 처음부터 큰 금액으로 광고를 하는 것보다 적은 예산으로 시작하여 나에게 가장 효과적인 광고 전략을 찾아가는 것이 좋습니다.

검색 광고

❶ 광고할 [비즈프로필]을 선택합니다.

❷ 검색 광고도 피드 광고와 같이 [비즈프로필 홈으로 광고]와 [소식으로 광고] 두 가지가 있습니다. [비즈프로필 홈]을 선택하면 당근 사용자가 광고를 클릭했을 때 비즈프로필 홈으로 이동하고, [소식으로 광고]를 선택하면 사용자가 광고를 클릭했을 때 해당 소식으로 이동합니다.

[비즈프로필 홈] 광고는 이를 통해 업체의 정보를 한눈에 확인할 수 있어, 학원과 같이 가게의 인지도를 높이고자 하는 경우에 효과적인 광고 방법입니다.

여기에서는 [비즈프로필 홈] 광고를 해보겠습니다. 광고할 [비즈프로필]을 선택합니다.

❸ 당근 비즈프로필에서 정보를 불러와 소개 문구에 자동으로 반영됩니다. 만약 소개 문구를 수정해야 한다면, 광고 미리보기 화면 하단의 [광고 소재 수정하기]에서 '광고 제목'과 '소개 문구'를 직접 수정합니다.

▲ 광고 소재 수정하기 전

▲ 광고 소재 수정하기 화면

TIP

우리 가게의 서비스를 명확히 알리는 직관적인 제목으로 변경해 주세요.

❹ 광고할 지역을 [직접 선택] 또는 [주변 범위] 중에서 선택한 후 [다음]을 클릭합니다.

❺ 다음으로 [검색할 키워드]를 설정합니다. [검색할 키워드]는 '당근 사용자들이 검색할 만한 가능성이 높은' 키워드를 의미합니다. [키워드 검색] 창에 판매하려는 상품과 관련된 키워드를 입력합니다.

여기에서는 '키위'와 '골드키위'를 검색해 봤습니다. 결과를 확인해 보니 '키위'는 검색량이 충분하지만 '골드키위'는 검색량이 거의 없음으로 나타났습니다. 이런 경우, 검색량이 높은 '키위'를 주요 키워드로 설정하는 것이 좋습니다. 또한 관련 키워드가 있다면 추가로 입력해 주세요. 키워드는 100개까지 추가할 수 있습니다.

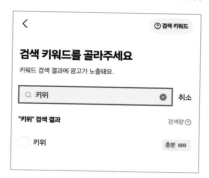 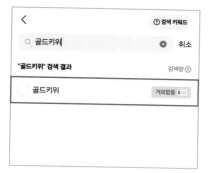

키워드를 추가하면 [키워드 검색]하단에 선택된 키워드 목록이 표시됩니다. 키워드 설정이 완료되면 [다음]을 클릭합니다.

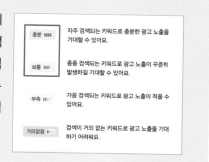

여기서 잠깐!

자주 검색되는 키워드를 활용하자

검색 결과 옆에 뜨는 아이콘은 당근에서 최근 30일 동안 해당 키워드가 얼마나 자주 검색되었는지를 나타내는 것입니다. 초록색의 아이콘 [충분]이 뜻하는 것은 자주 검색된 키워드라는 의미입니다. 따라서 노출이 잘 되기 위해서는 [충분]으로 표시된 자주 검색되는 키워드를 선택하는 것이 좋습니다. 아래의 키워드 검색 결과 표를 참고하세요.

❻ 키워드를 설정한 후, [클릭당 최대 금액]을 설정합니다. 금액을 높이 설정하면 내 광고가 우선적으로 노출됩니다. 클릭당 광고비용을 설정한 후에는 하루 예산을 정하고, 광고 일정을 [지금 시작] 또는 [나중에 시작] 중 선택하여 설정합니다. 마지막으로 [광고 만들기]를 클릭합니다.

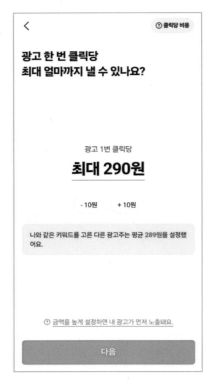 

클릭당 비용은 당근 사용자가 내 광고를 한 번 클릭할 때마다 지출되는 금액을 의미합니다. 광고가 노출되더라도 클릭하지 않으면 비용이 발생하지 않습니다. [검색 광고]는 키워드별로 최대 2개의 광고만 노출되므로, 설정한 클릭당 비용이 낮으면 광고가 노출되지 않을 수 있습니다.

실제 광고되고 있는 사진 ▶

웹사이트 광고

웹사이트 광고는 광고를 클릭하면 지정한 홈페이지 주소로 이동하는 방식입니다. 'https://'로 시작하는 URL을 입력하면 링크를 클릭할 때 바로 해당 웹사이트로 연결됩니다. 이는 홈페이지나 SNS와 같은 웹사이트를 홍보할 때 효과적입니다.

❶ 이동할 웹사이트 주소를 입력합니다. 광고 버튼은 [바로가기], [문의하기], [구매하기], [신청하기] 중에서 선택합니다. 그런 다음 [다음]을 클릭합니다.

- **바로가기** : 웹사이트 메인 화면이나 본문으로 이동될 때 사용하는 버튼 —
- **문의가기** : 문의화면으로 이동할 때 사용하는 버튼 —
- **구매하기** : 바로 구매할 수 있는 사이트로 연결될 때 사용하는 버튼 —
- **신청하기** : 이벤트나 신청 화면 등으로 이동될 때 사용하는 버튼

❷ [대표 사진]을 추가하고 [광고 제목], [업체 이름], [가격] 등을 입력합니다. 그런 다음 [다음]을 클릭합니다. 비즈프로필이 아닌 랜딩페이지가 있을 경우, 비즈프로필과 상관없이 해당 사이트로 직접 연동되도록 설정할 수 있습니다.

❸ [광고 대상]을 지역별, 성별, 연령별로 설정합니다. 그 후, 광고 예산과 일정을 선택하고 [광고 만들기]를 클릭합니다. 이 과정은 피드 광고와 검색광고 설정 방법과 동일합니다. 설정이 완료된 후 [광고 만들기]를 클릭합니다.

❹ 필요한 예산을 확인한 후, 캐시가 부족하면 [캐시 충전하기]를 클릭하여 캐시를 충전합니다.

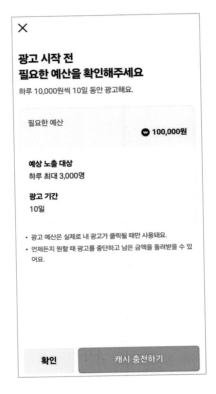

4. PC에서 광고하기

당근 광고 PC 버전은 크게 두 가지 방식으로 나뉩니다. 첫 번째는 모바일 버전과 동일한 방식의 간편모드 광고이고, 두 번째는 더 정교한 설정이 가능한 전문가모드 광고입니다.

전문가모드는 전문 마케터나 광고 대행사가 사용하는 방식이지만, 일반 사업자도 얼마든지 직접 광고를 진행할 수 있습니다. 단, 전문가모드에서 광고를 진행하려면 사업자등록증이 반드시 필요합니다.

간편모드 광고에 대한 설명은 앞선 모바일 버전 광고에서 다루었기 때문에, 이번에는 전문가모드 광고하는 방법에 대해 알아보겠습니다.

전문가모드 가입하기

전문가모드 광고는 PC에서만 이용할 수 있는 방식으로, 간편모드보다 더 정밀한 타겟팅이 가능해 광고 효율을 높일 수 있습니다. 캠페인, 광고그룹, 소재 단위로 광고 전략을 설정하여 광고를 보다 체계적이고 전략적으로 운영하고자 하는 분들에게 적합한 방식입니다.

❶ PC에서 당근 비즈니스에 로그인 후 [광고] – [새 광고계정]을 클릭합니다.

❷ 전문가모드 [시작하기]를 클릭합니다.

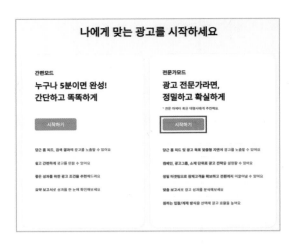

❸ [광고계정 이름]과 [사업자 등록번호]를 입력
합니다.

❹ [사업자정보]를 입력합니다. 상호명, 대표자 이름, 업태, 종목, 사업장 소재지는 필수 항목이므로 모두 정확히 작성합니다.

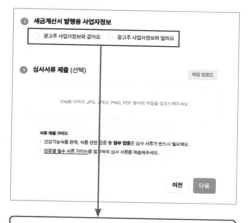

세금계선서 발행용 사업자 정보가 광고주 정보와 동일하다면 '광고주 사업자정보와 같아요'를 클릭합니다. 만약 정보가 다를 경우 '광고주 사업자정보와 달라요'를 선택하고, 이 경우에는 관련 서류를 추가로 제출해야 합니다.

당근 광고는 특정 업종에 한해 사전 심사 서류 제출이 반드시 필요합니다. 심사 가이드 기준에 맞지 않는 경우에는 광고 게재가 제한될 수 있으니 주의해야 합니다. 아래 사진에 포함된 업종에 해당된다면, 사업자 등록 정보 입력 시 반드시 심사 서류를 함께 제출해 주세요.

유형	심사 서류 안내
건강기능식품 판매	건강기능식품 영업신고증 또는 수입판매 영업신고증
결혼 중개업	국내결혼중개업신고필증 또는 국제결혼중개업등록증
과외/학원업	대학생/대학원생의 개인과외 : 최근 3개월 이내 발급한 재학증명서, 학생증 혹은 신분증 / 휴학생은 광고 집행 불가 대학생 외의 개인 과외 : 개인과외교습자신고증 또는 사업자등록증 학원 설립, 운영자 : 등록증명서 또는 신고증명서 또는 사업자등록증
농·수·임·축산물 판매업	비즈프로필을 활용하여 농·수·임·축산물 광고 집행을 원하는 경우, 필수적으로 비즈프로필 사업자 검수를 완료해야 합니다. (축산물의 경우 축산물판매업신고증 필수)
부동산 중개업	부동산 중개소 개설 등록증 또는 공인중개사 등록증 (부동산 중개업종 비즈프로필을 생성하여 사업자 인증 완료된 경우, 서류를 제출하지 않아도 광고 가능합니다)
쇼핑/전자상거래업	랜딩페이지 내에서 제품을 구매하는 경우, 랜딩페이지 푸터에 통신판매업 신고 번호 필수
식품 관련 업종 (식품을 제조, 가공, 사용, 조리, 저장, 소분, 운반, 진열하는 업종 모두 포함)	영업신고증 또는 사업자등록증을 요구할 수 있습니다.
약국	약국 개설 등록증 (약국 업종 비즈프로필을 생성하여 사업자 인증 완료된 경우, 서류를 제출하지 않아도 광고 가능합니다)
영화/영상업	영상물등급위원회의 사전심의 통과 증빙 자료를 요구할 수 있습니다.
유치원, 어린이집	유치원설립인가증 또는 어린이집설립인가증
의료기기 판매업	의료기기 판매업 신고 확인증 또는 의료기기 임대업 신고 확인증 또는 수입허가증 (의료기기 업종 비즈프로필을 생성하여 사업자 인증 완료된 경우, 서류를 제출하지 않아도 광고 가능합니다)
이사, 화물자동차 운수업	화물자동차 운송 주선사업 허가증 또는 화물자동차 운송가맹사업 허가증 또는 화물 자동차 운송사업 허가증
자동차 운전 학원	자동차 운전학원 등록증 또는 자동차 운전전문학원 지정증
중고차 매매업	자동차관리사업등록증 또는 전국자동차매매사업조합연합회 사원증 번호
폐차업	자동차해체재활용업 등록증
휴대폰 판매업	이동통신 사전 승낙서 또는 승낙 마크 또는 사전 승낙서 URL (휴대폰 판매업종 비즈프로필을 생성하여 사업자 인증 완료된 경우, 서류를 제출하지 않아도 광고 가능합니다)

전문가모드 광고 목표 네 가지

전문가모드 광고에는 [앱/웹사이트 방문 유도하기], [비즈프로필 알리기], [상품 판매 늘리기], [앱/웹사이트 전환 늘리기]의 네 가지 목표가 있습니다. 지금부터 각 목표의 특징과 광고 방법에 대해 알아보겠습니다.

❶ 앱/웹사이트 방문 유도하기

당근 사용자들이 광고를 클릭하면 광고주가 설정한 앱이나 웹사이트로 이동하거나, 앱을 설치하도록 유도할 수 있습니다. 운영하는 사이트나 앱이 있다면 [앱/웹사이트 방문 유도하기]를 선택해 보세요. 사진과 동영상을 활용한 광고가 가능합니다.

❷ 비즈프로필 알리기

광고 클릭 시 비즈 프로필로 이동하게 됩니다. 이를 통해 비즈 프로필을 홍보하고, 단골을 늘릴 수 있습니다. 꾸준히 소식을 올리면서 비즈프로필 알리기 광고를 활용해 보세요.

❸ 상품 판매 늘리기

당근 사용자들이 관심있는 제품을 검색할 때, 검색 결과 하단에 새 상품이 노출되거나, 중고 거래 게시글을 클릭할 때 게시글 하단에 연관된 새 상품이 노출됩니다.

❹ 앱/웹사이트 전환 늘리기

광고를 클릭한 사람들의 목표 전환을 최대화 할 수 있도록 설정이 가능한 방법입니다. '구매', '잠재고객 수집', '서비스 신청'의 세가지로 설정할 수 있으며, 세 가지의 목표에 맞추어 광고를 설정합니다. 또한 사진 또는 동영상 광고가 가능합니다. 동영상 광고는 사람들의 이목을 더 집중시킬 수 있으므로 적극 활용해 보세요.

> **TIP**
>
> '구매'는 당근 사용자가 광고를 클릭하면 쇼핑몰이나 상점으로 유입되어 구매할 수 있도록 유도하는 방법입니다.
> '잠재고객 수집'은 당근 사용자가 상담이나 체험, 이벤트를 신청할 때 사용자의 정보를 수집하는 기능입니다.
> '서비스 신청'은 구독과 대출, 개좌 개설 등 특정 서비스를 신청하도록 유도하는 기능입니다.

전문가모드 광고 시작하기

❶ PC에서 당근 비즈니스 로그인 후 [광고] – [전문가모드]에서 광고 계정을 선택합니다.

❷ 당근 비즈니스의 [광고] – [광고 만들기]를 클릭하고 '캠페인'을 생성합니다. [캠페인 이름]은 최대 50자까지 작성합니다. [캠페인 목표] 4가지 중 설정할 목표를 선택합니다.

여기까지의 단계는 모든 광고 목표의 설정 방법이 동일하므로 이후 설명에서는 생략하겠습니다.

앱/웹사이트 방문 유도하기

전문가모드 광고를 위해서는 [캠페인], [광고그룹], [소재] 세 가지를 설정합니다.

캠페인은 광고의 목적, 광고그룹은 타깃 설정, 소재는 광고의 제목과 이미지와 같은 내용이라고 생각하시면 됩니다.

❶ 캠페인의 목표를 선택한 후, [전환 추적 코드 연동] 여부를 선택하고 [다음]을 클릭합니다.

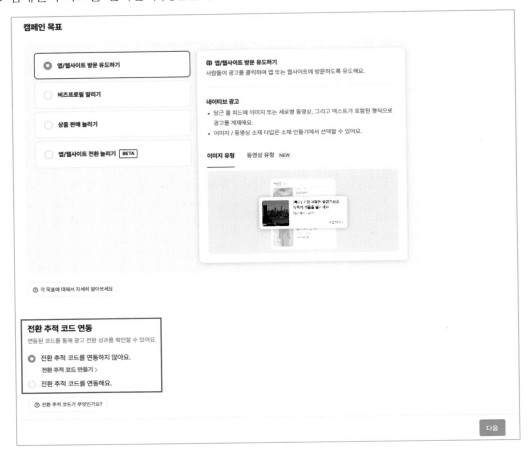

전환 추적 코드란?

당근에서 진행하는 광고의 캠페인 성과를 추적하고 분석하는데 사용하는 관리 도구입니다. 웹사이트에 전환 추적 코드를 입력하거나, MAT(모바일 앱 트래커) 서비스를 연동하여 정보를 수집합니다. 이 기능에서 웹사이트 방문, 로그인, 장바구니 담기, 구매 등을 이벤트로 정의하면 전환이 달성될 때마다 데이터를 추적하여 광고 성과를 정량화 하게 됩니다. 웹사이트/앱 서비스 방문자 늘리기나 상품 판매를 늘리기 위한 경우 사용하는 것을 추천합니다.

전환 추적 코드는 웹사이트 별로 연동이 불가할 수 있거나, 입점하여 판매하는 형식의 앱이나 웹사이트의 경우에는 전환 추적이 불가능합니다.

웹사이트 종류	연동 가능 여부
네이버 스마트플레이스	불가
네이버 스마트스토어	불가
네이버 블로그	불가
인스타그램	불가
카페24, 메이크샵, 고도몰, 플렉스지 로 제작한 웹사이트	가능
티스토리	가능
카카오메이커스	불가
쿠팡	불가
올리브영	불가
무신사	불가
자체 제작 웹사이트	제작 업체에 문의 필요

❷ 광고 그룹을 만들어 보겠습니다. 광고 그룹은 광고가 노출될 타겟을 설정하는 단계입니다. 예를 들어 40대 여성이 타겟이라면 '성별'에 여성, '연령'은 '40대'를 선택합니다. 이외에도 '지역'을 설정하고, 필요한 경우 '관심사'를 설정합니다.

이렇듯 광고 그룹에서 타겟을 명확히 설정하면 설정해 둔 관심사에 관심이 있어 게시글을 클릭하거나 키워드를 검색한 당근 사용자에게 노출이 되기 때문에 광고의 효율이 올라갑니다.

❸ '관심사'를 설정하려면 관심사 토글 버튼을 활성화하고 원하는 분야를 선택합니다.

❹ 예산 및 일정을 설정합니다.

예산 및 일정

ⓘ 도움말

예산
◉ 일일 예산   ○ 총 예산

10,000   원

VAT를 포함한 예산을 입력해주세요.

입찰 방식
◉ 수동 입찰   ○ 자동 입찰 ⓘ

입찰가(CPC)

200   원

입력한 금액으로 1회 클릭당 비용이 지불되고 입찰가에 VAT가 제외되어 있어요.

일정
시작일

2025.04.05.   00:00

종료일
☐ 종료일 없음

2025.05.05.   23:59

상세 일정
☑ 모든 시간에 광고 게재하기

게재 방식
◉ 일반 게재   ○ 빠른 게재 ⓘ

설정한 일정동안 균등하게 광고가 노출돼요.

❺ [예산]은 일일 예산과 총 예산 중 선택합니다. 이때는 VAT를 포함한 예산을 입력합니다.
[입찰 방식]은 수동 입찰과 자동 입찰 중 선택하고 입찰가를 적습니다. 입찰가는 VAT가 포함되어 있지 않습니다. 입력한 금액으로 1회 클릭당 비용이 지불됩니다. 또한 설정한 입찰가에 따라 광고의 노출 순위가 바뀔 수 있습니다. 입찰 금액에 따라 높은 순위로 노출이 더 많이 되기 때문에 예산을 잘 책정해야 합니다. 그러나 처음부터 높은 가격으로 책정하는 것보다는 금액을 조금씩 늘려가면서 테스트하여 입찰가를 정하는 것이 좋습니다
[일정]은 시작일과 종료일을 설정합니다.
[상세 일정]에서는 광고를 게재할 시간을 설정합니다. 설정한 타겟이 당근을 가장 많이 사용하는 시간대로 설정하는 것이 좋습니다.

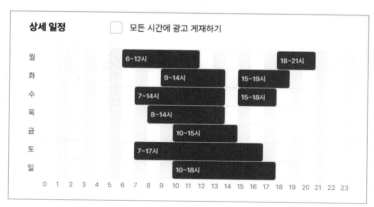

❻ [게재 방식]을 설정합니다. 일반 게재를 선택한 경우 설정한 일정기간 동안 균등하게 광고가 노출되고, 빠른 게재로 설정한 경우 단시간에 빠르게 광고를 노출합니다. 빠른 게재로 설정하여 단시간 동안 빠르게 광고가 노출된다면 설정해둔 일정보다 예산이 빠르게 소진될 수 있습니다.

❼ [광고 그룹]을 설정한 후에는 [소재]를 만듭니다.

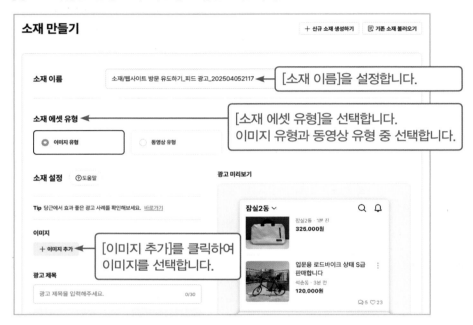

여기서 잠깐!

이미지와 텍스트 비율

이미지에는 텍스트의 이미지가 50% 이상 차지하는 경우 광고 승인이 거절됩니다. 또한 이미지에 텍스트가 많으면 사진의 내용이 제대로 보이지 않기 때문에 텍스트가 많은 이미지보다 이미지만 있는 사진을 선택하는 것이 좋습니다.

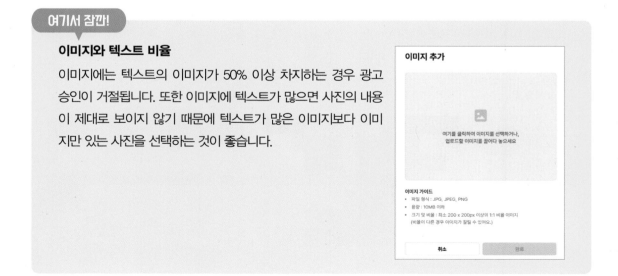

❽ [광고 제목]을 입력합니다. 광고 제목은 사람들이 클릭하고 싶은 제목으로 설정합니다. 하나의 이미지에 제목을 다르게 구성하여 광고하고자 하는 경우, [광고 제목 추가]를 선택하여 설정합니다.

❾ [브랜드 이름]을 설정합니다. 브랜드 이름은 브랜드 명이나 업체명으로 기재합니다. [행동 유도 버튼]은 그림과 같이 다양한 버튼이 있습니다. 이 버튼은 광고를 본 사용자가 클릭했을 때 이동하는 버튼입니다.

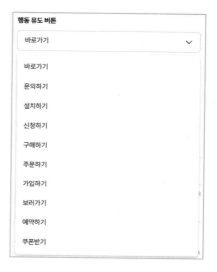

⓾ [랜딩페이지 URL]을 입력합니다. 가격 정보를 추가하고 싶다면 '가격 정보 추가하기'를 클릭하여 금액을 입력합니다. 업종이 '금융', '의료', '영화'에 해당될 경우 '심의필 번호 추가하기'를 선택하고 심의필 번호를 입력합니다.

모든 항목을 입력한 뒤 [등록]을 클릭하면 광고 소재가 제출되며, 검토 절차가 시작됩니다. 대부분의 광고는 24시간 이내에 심사가 완료되어 결과를 확인할 수 있습니다.

여기서 잠깐!

광고의 그룹이나 소재를 복제하고 싶다면, 각 페이지 하단의 [복제] 버튼을 클릭하거나 왼쪽 카테고리에서 점세개 아이콘을 눌러 [복제]를 선택하세요. 이후 그룹이나 소재의 내용을 자유롭게 수정하여 관리할 수 있습니다.

비즈프로필 알리기

❶ 캠페인의 목표를 선택한 후, 광고할 [비즈프로필]을 선택하고 [다음]을 클릭합니다.

❷ [광고그룹]을 설정합니다. 광고그룹 설정에 대한 내용은 앞서 설명한 [앱/웹사이트 방문 유도하기]에서 다루었으므로 여기서는 생략하겠습니다(126쪽 참조).

❸ [광고그룹] 설정을 마친 후 [소재 만들기] 단계로 넘어갑니다.

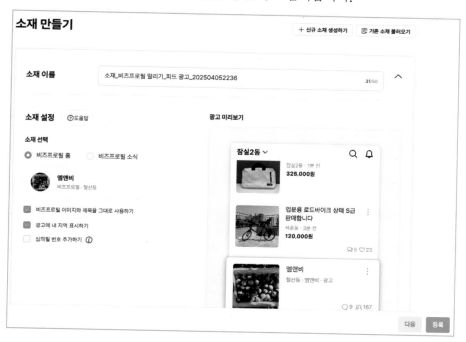

❹ [소재 이름]을 설정합니다. [소재 선택]은 당근 사용자가 광고를 클릭했을 때 이동하게 되는 위치를 의미합니다. 비즈프로필 홈 또는 비즈프로필 소식 중 하나를 선택합니다.

[비즈프로필 이미지]와 [제목]을 변경하려면 '비즈프로필 이미지와 제목을 그대로 사용하기' 버튼을 비활성화 한 뒤, 이미지와 광고 제목을 수정합니다.

❺ [광고 제목]을 입력합니다. 광고 제목은 사람들의 관심을 끌 수 있도록 클릭하고 싶은 문구로 설정합니다.

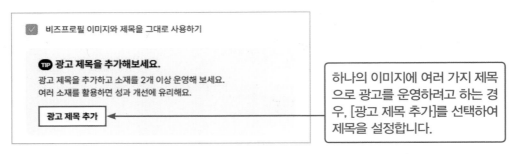

하나의 이미지에 여러 가지 제목으로 광고를 운영하려고 하는 경우, [광고 제목 추가]를 선택하여 제목을 설정합니다.

❻ 모든 입력이 완료된 후 [등록]을 클릭합니다.

상품 판매 늘리기

[상품 판매 늘리기]는 당근 사용자가 당근에서 관심 있는 키워드를 검색했을 때 중고거래 게시글 상세 페이지 하단에 노출됩니다.

상품을 광고하고 구매 페이지로 연결하여 구매 전환율을 높이고자 할 때 활용할 수 있습니다.

❶ 캠페인의 목표를 선택한 후, 광고할 [카탈로그 선택]에서 카탈로그를 선택합니다.

❷ [전환 추적 코드 연동] 여부를 선택합니다.

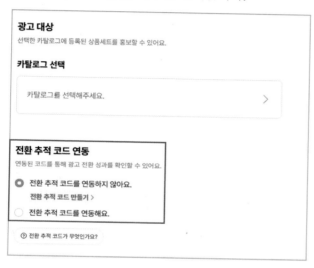

카탈로그 등록하기

[상품 판매 늘리기] 광고를 진행하려면 카탈로그를 등록해야 합니다. 카탈로그란 판매하는 상품을 관리할 수 있는 도구로서 비슷한 카테고리에 관심을 가지는 타깃에게 상품 세트를 구성하여 광고할 수 있습니다. 카탈로그 관리는 당근 비즈니스의 [광고]−[광고 도구]−[카탈로그 관리] 메뉴에서 등록할 수 있습니다.

❶ [카탈로그 만들기]를 클릭합니다.

❷ [카탈로그 이름]을 설정합니다.

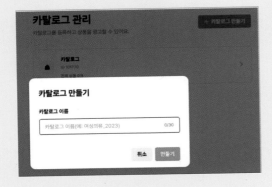

❸ 상품 업로드 방식을 선택합니다.

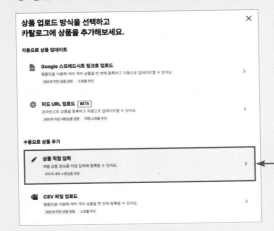

100개 내외의 소량 상품인 경우 상품 직접 입력을 추천합니다.

❹ 이번에는 '상품 직접 입력'으로 카탈로그 등록을 해보겠습니다.

상품 직접 입력

+ 새 상품 추가하기

상품 ID

상품 ID를 입력해 주세요.　　　　　　　　　　0/100

랜딩페이지 상품 정보에 등록된 상품의 고유 ID 또는 SKU(재고 관리 코드)를 입력해 주세요.

주의사항
- 임의의 상품 ID로 동일 상품을 복수 등록할 수 없어요.
- 상품 정보와 다른 ID를 입력할 경우에는 상품 광고가 노출되지 않을 수 있어요.

> [상품 ID]를 입력합니다. 상품 ID는 '랜딩페이지 상품 정보'에 등록된 ID이거나 재고관리 코드를 입력합니다.

상품 설정
판매하는 상품의 정보를 입력해 주세요. 허위 정보 입력시 광고가 제한될 수 있어요.

상품 이미지 ◄ ─── [상품 이미지]를 추가합니다.

+ 이미지 추가

상품 이름 ◄ ─── [상품 이름]을 입력합니다.

상품 이름을 입력해주세요　　　　　　　0/30

브랜드 이름 ◄ ─── [브랜드 이름]을 입력합니다.

브랜드 및 기업을 대표하는 이름을 입력해주세요. (예: 당근)　　0/20

가격 ◄

가격을 입력해 주세요.

랜딩페이지에서 확인되는 판매 상품의 가격과 일치해야 해요.

☐ 할인 가격 추가하기

광고 미리보기　　　　ⓘ 상품은 어떻게 광고하나요?

상품 이름
브랜드 이름

...이미지 크기가 다를 수 있어요.

> [가격]을 입력합니다. 가격은 당근 사용자가 광고를 클릭했을 때 확인할 수 있는 랜딩 페이지의 가격과 일치해야 합니다.

☑ 할인 가격 추가하기

할인 가격 ◄

할인 후 가격을 입력해 주세요.

랜딩페이지에서 확인되는 판매 상품의 최종 가격과 일치해야 해요.

> [할인가격]을 입력하고자 할 경우 '할인 가격 추가하기'를 선택 후 가격을 입력합니다.

❺ [랜딩페이지 URL]을 등록하고 [상품 카테고리]를 선택합니다. 모든 입력이 완료되면 [등록]을 클릭합니다.

랜딩페이지 URL

https://로 시작하는 URL을 입력해주세요.　　URL 예시보기

상품 카테고리 (선택)
판매 상품과 일치하는 카테고리를 선택해 주세요.

○ 디지털기기 (1001)　　○ 생활가전 (1002)　　○ 가구/인테리어 (1003)
○ 생활/주방 (1004)　　○ 유아동 (1005)　　○ 유아도서 (1006)
○ 여성의류 (1007)　　○ 여성잡화 (1008)　　○ 남성패션/잡화 (1009)
○ 뷰티/미용 (1010)　　○ 스포츠/레저 (1011)　　○ 취미/게임/음반 (1012)
○ 도서 (1013)　　○ 티켓/교환권 (1014)　　○ 가공식품 (1015)
○ 반려동물용품 (1016)　　○ 식물 (1017)

구글 제품 카테고리 (선택) ⓘ　　　　**카테고리 정보 바로가기**

카테고리 ID를 입력해 주세요.

❸ 광고그룹 만들기에서 [광고이름], [상품세트 선택], [오디언스 타겟], [예산 및 일정]을 선택합니다. [상품세트]는 등록한 카탈로그에서 불러오기 합니다. [오디언스 타겟], [예산 및 일정] 선택 방법은 앞서 설명하였으므로 여기서는 생략하겠습니다.

❹ [소재 이름]을 설정하고 선택한 상품 세트가 맞는지 확인한 후 [등록]을 클릭합니다. 카탈로그에 미리 등록해 두었으므로 따로 상품에 대한 정보를 입력하지는 않습니다.

❺ 모든 입력이 완료된 후 [등록]을 클릭합니다.

앱/웹사이트 전환 늘리기

앱/웹사이트 전환 늘리기로 광고를 진행할 때는 전환 추적 코드 연동이 필수입니다. 따라서 반드시 전환 추적 코드를 먼저 설정해야 합니다. 전환 추적 코드 데이터를 연동할 때에는 입점하여 판매하는 형식의 앱이나 웹사이트의 경우 전환 추적이 불가능하므로 카페24, 고도몰, 메이크샵, 플렉스지로 제작한 웹사이트나 티스토리 혹은 자체 제작한 웹사이트를 운영하는 경우에만 [앱/웹사이트 전환 늘리기]를 선택하는 것을 추천드립니다.

❶ 캠페인의 목표를 선택한 후 전환할 목표를 선택합니다. 목표 전환 이벤트는 [구매], [잠재고객 수집], [서비스 신청] 세 가지가 있습니다. 쉽게 말해서 광고를 클릭하는 사람이 어떤 활동을 하게 되는지를 말하는데 [구매]는 구매 가능성이 높은 사용자에게 광고를 최적화하고, [잠재고객 수집]은 당근 사용자의 정보를 입력하는 광고를 할 때 최적화 되어 있으며, [서비스 신청]은 광고를 클릭하는 사용자가 특정한 서비스를 신청하고자 할 때 선택합니다.

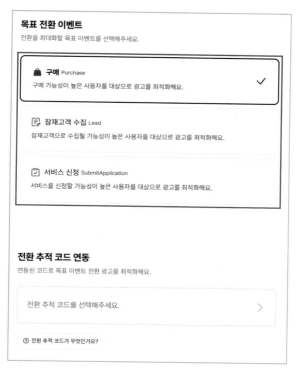

❷ 전환 추적 코드를 선택합니다.

전환 코드 등록하기

[앱/웹사이트 전환 늘리기] 광고를 진행하려면 반드시 전환 추적 코드 등록이 필요합니다. 전환 추적 코드란 당근에서 진행하는 광고의 캠페인 성과를 추적하고 분석하는데 사용되는 관리 도구입니다(자세한 사항은 127쪽 참조). 전환 추적 코드 등록은 당근 비즈니스의 [광고]-[광고 도구]-[전환 추적 관리]에서 등록할 수 있습니다.

❶ [전환 추적 코드 이름]을 등록합니다. 30자까지 알아보기 쉽게 등록합니다.

❷ [웹사이트 연동]을 원할 경우, 웹사이트 URL을 입력합니다. 이때에는 입점하여 판매하는 형식의 앱이나 웹사이트의 경우 전환 추적이 불가능하므로 카페24, 고도몰, 메이크샵, 플렉스지로 제작한 웹사이트나 티스토리 혹은 자체 제작한 웹사이트의 주소를 등록해야 합니다.

❸ URL 주소 등록 후 아래에 생성된 웹사이트 연동 코드를 복사하여, 연동할 웹사이트의 헤더 섹션 하단 〈/head〉 태그 바로 위에 복사한 코드를 붙여넣습니다.

❹ 삽입한 스크립트가 정상적으로 작동하면 전환 추적 코드의 상태가 수집중 상태로 변경됩니다.

❺ [앱 MAT 연동]의 경우 MAT 연동 업체인 아래의 여섯가지 사이트에서 가능합니다. 먼저 사이트를 선택 후 다음을 클릭합니다.

이후 생성된 전환 추적 코드의 전환 추적 코드 ID를 확인합니다. 이 ID를 각 MAT 연동 업체에 입력하면 생성한 전환 추적 코드와 연동이 완료됩니다. 각 MAT 연동 사이트와 전환 추적 코드 ID를 연동하는 방법은 해당 사이트별로 다르므로 해당 사이트의 안내를 참고해 연동을 진행하시기 바랍니다.

❸ [광고 그룹]과 [소재]를 만듭니다. 광고 그룹 만들기와 소재 만들기는 앱/웹사이트 방문 유도하기와 동일(126쪽 참조)하므로 해당 항목을 참고해 만들어 보세요.

❹ 모든 입력이 완료된 후 [등록]을 클릭합니다.

맞춤 타겟 관리하기

광고 집행에서 타겟 관리는 매우 중요한 요소입니다. 당근 비즈니스 전문가모드 광고에서는 맞춤 타겟 기능을 활용해 정교한 타겟팅이 가능합니다. 맞춤 타겟이란 광고주가 보유한 유저 정보를 토대로 타겟팅에 활용할 수 있는 기능입니다. 타겟 모수는 매일 갱신되고, 최소 1,000명 이상일 경우 타겟팅에 활용할 수 있습니다. 또한, 90일 동안 해당 타겟에 연동된 광고가 없을 경우, 모수가 더 이상 업데이트 되지 않습니다.

맞춤 타겟은 [광고 기반 타겟], [비즈프로필 기반 타겟], [전환 추적 타겟], [고객 파일 타겟] 으로 구성되어 있습니다.

맞춤 타겟은 [광고] – [광고 도구] – [맞춤 타겟 관리]에서 타겟을 설정할 수 있으며, 생성된 맞춤 타겟은 광고 캠페인을 만들 때 [광고 그룹] – [오디언스 타겟] – [맞춤 타겟] 메뉴에서 타겟을 불러와 사용할 수 있습니다.

❶ 광고 기반 타겟 : 기존에 진행했던 내 광고 계정의 광고 캠페인과 광고 그룹에서 수집된 이벤트를 토대로 타겟팅을 합니다. 최근 1일부터 180일 사이의 기간 내 발생한 이벤트 유저를 대상으로 타겟팅합니다. 즉, 광고 결과를 기반으로 도출되는 방식입니다.

❷ **비즈프로필 기반 타겟**: 운영중인 내 비즈프로필에서 수집
된 이벤트 데이터를 기반으로 타겟팅할 수 있는 기능입
니다. 따라서 비즈프로필 내 홈, 소식, 커머스 이용 데이
터를 기반으로 타겟을 설정합니다.

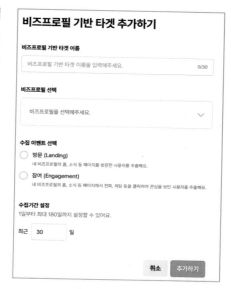

❸ **전환 추적 타겟**: 전환 추적 코드로 수집된 이벤트 데이터
를 기반으로 타겟을 모집합니다. 전환 추적 코드 내에 있
는 이벤트 타입인 방문, 구매, 장바구니 담기, 상세페이
지 조회, 회원가입, 로그인, 설치, 잠재고객 수집, 서비스
신청 중 선택하여 모수를 생성합니다.

❹ **고객 파일 타겟**: 광고주가 보유한 고객 데이터를 직접 업
로드해 타겟팅하는 기능입니다. 업로드 할 데이터가 있
는 경우 보다 정확한 타겟팅이 가능하므로, 업로드 할 데
이터가 있는 경우 활용해 보시기를 추천합니다.

PC로도 당근 비즈니스를 운영해보세요.

당근은 모바일 중심 플랫폼이지만 비즈프로필은 PC에서도 동일한 기능을 사용할 수 있습니다.
PC를 활용하면 상품 등록, 소식 관리, 통계 확인 등 비즈프로필 운영 효율이 높아지고
데이터를 기반으로 전략적으로 비즈프로필 운영을 할 수 있습니다.

Step 8

당근 비즈프로필 PC 활용하여 한눈에 살펴보기

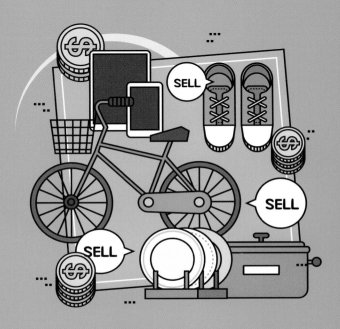

08 : 당근 비즈프로필
PC 활용하여 한눈에 살펴보기

당근은 기본적으로 모바일 환경을 기준으로 설정되어 있습니다. 개인이 중고 제품을 사고팔 때는 모바일에서만 가능합니다. 그러나 비즈프로필은 PC에서도 활용할 수 있습니다. 지금부터 PC로 활용하는 방법을 알아보겠습니다.

1. 당근 비즈프로필 PC 버전 로그인하기

당근 비즈프로필을 운영하거나 광고를 진행하는 경우 PC를 활용하면 한눈에 볼 수 있어 좋습니다. PC 버전으로 로그인하면 업체 정보, 소식, 쿠폰, 사진, 후기, 통계, 단골 관리, 운영자 설정 등 모바일에서 제공하는 모든 기능을 동일하게 이용할 수 있습니다. 특히 아래와 같이 통계가 보여 인사이트를 얻고 싶은 경우, PC 버전을 통해 쉽게 활용할 수 있습니다.

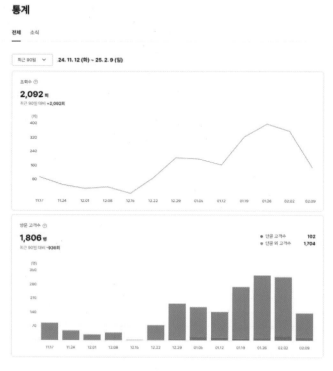

▲ PC 버전 메인 화면에 보이는 통계

❶ PC에서 당근 비즈 홈페이지에 들어갑니다. 우측상단 [시작하기]를 클릭하세요.

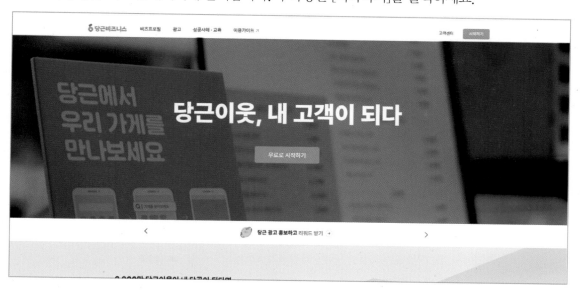

❷ QR코드를 휴대폰 카메라로 스캔한 후, 60초 이내에 로그인해 주세요. 시간이 초과되면 [재시도]를 눌러 새로운 QR코드를 받아 다시 시도합니다.

QR코드로 로그인하는 방법

❶ 휴대폰 카메라를 열고, QR코드가 화면 안에 선명하게 보이도록 맞춰줍니다.

❷ 휴대폰 카메라 화면 하단에 나타난 URL 주소를 클릭합니다.

❸ '내 컴퓨터에서 로그인하고 있나요?' 라는 메시지가 표시되면 '네. 로그인할게요'를 클릭합니다.

❸ PC에서 로그인이 완료되면 비즈프로필을 클릭합니다. [새 비즈프로필]은 새로운 비즈프로필을 생성할 때 사용하며, 한사람이 최대 3개까지 만들 수 있습니다. 또한 공동운영자로 초대를 받으면 최대 10개까지 비즈프로필을 운영할 수 있습니다.

2. 상품 판매하기

상품 등록하기
PC에서도 상품등록, 주문관리, 정산내역 확인, 배송설정, 최소 주문금액 설정이 가능합니다.

❶ 카테고리에서 [상품 판매] – [상품 관리]를 클릭합니다.

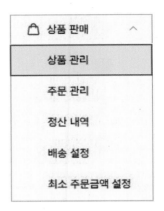

❷ 상품을 등록합니다. 등록 방법은 모바일과 동일합니다. 상품 등록 후 오른쪽 하단의 [등록하기]
를 누르면 상품 등록이 완료됩니다. 상품 등록 화면에서 [내용 불러오기]를 클릭하면 기존에 판
매한 상품 내역을 확인할 수 있습니다.

주문 관리하기

❶ 카테고리에서 [상품 판매] – [주문관리]를 클릭합니다.

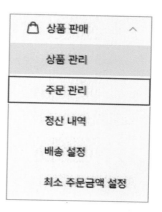

❷ [주문관리]를 확인하면 진행 중인 주문과 지난 주문 내역을 확인할 수 있습니다.

❸ 주문 내역에서 [주문 확인]을 클릭합니다.

주문번호	상품명	주문금액	상태	주문일시	주문자 닉네임	
3179495	배송 광양 골드키위 100... Ⓝ	**17,000원**	결제완료	2025.02.28 21:56	포비	주문확인

❹ 주문 관리 오른쪽 상단의 [주문 내역 다운로드]를 클릭하면 주문 내역을 일괄 다운로드할 수 있습니다.

[주문 내역 다운로드]를 클릭하면 아래와 같은 창이 표시됩니다. 여기서 '진행 중 주문내역 모두 받기'를 클릭하면 진행 중인 모든 주문이 다운로드 됩니다.

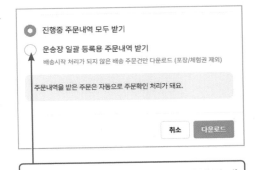

또한, '운송장 일괄 등록용 주문내역 받기'를 클릭하면 배송 처리가 되지 않은 주문 건만 다운로드 되며, 포장과 체험권은 제외됩니다.

❺ 개별적으로 배송 정보를 등록하려면, 상품을 발송한 후 [배송 시작]을 클릭하고 운송장 번호를
입력합니다. 그 후 [배송 시작 알림 보내기]를 선택하여 알림을 발송합니다.

사례로 보는 당근의 가능성

코로나 시기 전단지도 통하지 않던 한 타이어 가게는 당근에 사진을 올린 것 만으로
문의가 이어졌습니다. 덕분에 단골이 하나둘씩 생겼고 매출도 자연스럽게 올랐습니다.
이 장에서는 당근의 실제 사례속에서 당근의 가능성을 확인해 봅니다.

Step 9

당근
비즈니스 사례

THANK YOU

THANK YOU

09 : 당근 비즈니스 사례

코로나 팬데믹과 함께 시작한 타이어 가게 매출 올린 비결

2020년 2월 남편과 함께 타이어 가게를 인수했습니다. 그러나 가게를 연 지 얼마 되지 않아 전 세계는 코로나19의 충격 속으로 빠져들었습니다. 연일 뉴스에서는 코로나19 관련 소식이 쏟아졌고, 사람들은 외출을 자제했습니다. 재택근무가 일상화되면서 도로는 한산했고, 아이들은 학교 대신 집에서 수업을 들었습니다. 주차장에는 차가 가득 차 있었고, 타이어 가게를 찾는 발길은 드물었습니다. 매일같이 고민하며 이 시기를 극복하려 했지만 쉽지 않았습니다.

그러다가 처음 시도한 것은 블로그와 인스타그램이었습니다. 블로그와 인스타그램을 통해 문의가 들어 왔지만, 전국구 마케팅이라는 한계가 있었습니다. 노력 대비 효율이 빠르게 나지 않는 느낌이었습니다. 또다른 출구를 찾아 전단지를 만들어 동네 곳곳에 뿌렸습니다. 하지만 기대했던 것만큼의 효과를 보지 못했습니다. 오히려 전단지를 돌리는 데 들어가는 비용이 만만치 않았습니다. 전단지 붙이는 비용만 일주일에 한 아파트당 5만 원에서 10만 원까지 발생했습니다. 무엇보다도 사람들이 외출을 꺼리다 보니, 전단지를 봐도 그냥 지나치는 경우가 많았습니다.

그러다 시도한 것은 당근이었습니다. 당근에서 타이어 사진을 찍어 올리는 것만으로도 문의가 들어왔습니다. 무엇보다 당근을 통해 동네에서 찾아오는 고객이 많았기 때문에 이후로도 그들의 재구매와 소개가 이어졌습니다.

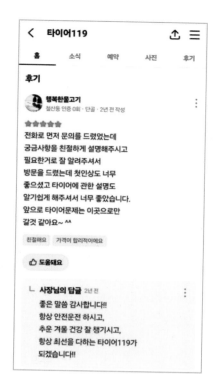

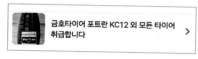

당시에 소식을 올리기만 해도 고객이 늘었는데 이것이 바로 당근의 가능성을 보게 된 계기였습니다. 이후 저는 당근 광고를 시도해 보았습니다.

광고했더니 소식 글만 올릴 때보다 문의가 2배 늘었습니다. 그 이후로도 저는 꾸준히 광고하고 소식 글을 올리며 코로나 시기에 당근에서 매출을 올리고 단골을 만들었습니다.

소식 글 만으로도 문의가 끊이지 않는 린에스테틱

'정말 이색적이면서도 기본에 충실한 관리였어요'

'다닌 지 오래된 곳인데 갈 때마다 새사람이 되어서 나옵니다.'

실제 당근에 올라온 후기입니다. 린에스테틱 당근 비즈프로필에 가면 별점 5점의 후기가 가득합니다. 당근에서 사람들은 먼저 린에스테틱 비즈프로필의 후기를 보고 찾아옵니다. 역시 후기에서 본 대로 방문해서 관리를 받아보니 너무 좋았다는 후기가 또 올라옵니다.

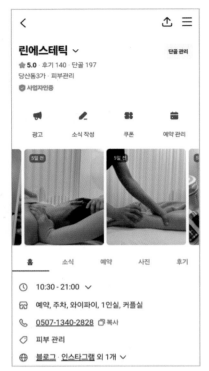

린에스테틱은 영등포 구청역에 위치해 있지만 서울, 경기 전 지역에서 찾아오고 특히 미국에서도 해마다 한국에 올 때마다 찾아주는 고객도 있습니다. 20년 동안 한방공부로 사주와 사상체질을 통해 맞춤식 한방 관리를 진행했기 때문에 고객들의 만족도가 높은 곳입니다.

린에스테틱은 따로 광고하지 않는 대신에 소식을 꾸준히 올리고 있습니다. 이러한 소식을 보고 당근 비즈니스에 찾아온 고객은 실제 고객들의 생생한 후기를 보고는 린에스테틱에 예약을 하고 찾아옵니다.

린에스테틱의 사례에서처럼, 꾸준히 고객의 고통과 문제를 해결하기 위한 방법을 고민하면서, 그것을 해결할 수 있는 소식 글을 작성해보세요. 나만의 특별한 장점이 있는 소식 글이 하나둘 쌓이면 손님이 찾아오고, 한 번 방문한 손님이 단골이 되어 자연스럽게 친구와 지인들에게 추천해 줄 것입니다.

친근한 소식 글로 사람들의 마음을 사로잡은 하울

경기도 시흥시에 위치한 하울은 건강하고 맛있는 수제 디저트를 직접 만들어 전국으로 판매하고, 디저트 클래스도 함께 운영하는 곳입니다. '하울 디저트'라는 이름으로 스마트스토어, 쿠팡 등 다양한 온라인 채널은 물론, SNS도 꾸준히 운영하며 전국 곳곳에 팬을 보유하고 있습니다.

전국에서 하울 디저트의 수업을 듣기 위해 찾아오는 수강생도 있고, 비대면 클래스를 통해 온라인으로 배우는 분들도 많습니다. 하지만 대표님은 가까운 지역에서 디저트를 구매하거나 수업을 들으러 오는 이웃 고객들을 더 늘리고 싶다는 바람을 가지고 있었습니다.

그러던 중 당근 비즈니스를 시작하게 되었습니다. 당근 비즈니스에 매일 소식 글을 꾸준히 올렸고, 그 결과 가까운 지역뿐 아니라 먼 지역에서도 디저트를 픽업하러 오는 고객과 수업 문의가 전보다 더 많아졌습니다.

하울 디저트의 당근 비즈니스 소식에는 깨끗하고 먹음직스러운 디저트의 사진이 매일 올라옵니다. 따뜻한 말투로 쓰인 대표님의 글은 보는 사람의 마음까지 부드럽게 만들어주며 누구나 편안하게 읽을 수 있습니다. 그 덕분에 소식만 올려도 자연스럽게 당근의 '동네 지도' 탭에 노출되어 직접 픽업하러 오는 사람들이 늘어났습니다.

앞으로도 하울 디저트는 따뜻한 마음을 담은 디저트와 진심 어린 소통으로, 당근 이웃들과 더 깊게 소통하며 성장할 것입니다.

영상 편집, 이제는 누구나 쉽게 시작할 수 있습니다.

캡컷은 스마트폰 하나로 자막, 효과까지 넣을 수 있는 무료 영상 편집 도구입니다.
처음 하는 분도 영상 사이즈 조정, 분할, 삭제, 텍스트 추가 등 기본 기능만으로
충분히 시작할 수 있습니다. 이 장에서는 초보자를 위한 캡컷 활용법을 알아봅니다.

Step 10

숏폼 영상 편집 초보자를 위한 캡컷 활용법

10 : 숏폼 영상 편집 초보자를 위한 캡컷 활용법

영상 초보자라면, 영상 편집 툴인 캡컷을 활용해 쉽게 영상을 제작할 수 있습니다.

캡컷은 전 세계에서 사용자가 10억 회 이상 다운로드한 가장 인기있는 동영상 제작 앱으로, 메뉴 구성이 잘 되어 있어서 초보자부터 영상 편집 고수까지 편하게 사용하고 있습니다.

대부분의 메뉴들을 무료로 이용할 수 있으면서 그렇다고 유료 앱이나 PC 버전의 프로그램들에 비해서 뒤지지 않는 효과, 필터, 전환, 텍스트 및 오디오 편집 도구들이 포함되어 있습니다.

- 친근한 인터페이스로 되어 있습니다.
- 스마트폰 앱과 PC 버전 모두 제공됩니다.
- 무료로 영상 편집이 가능하기 때문에 부담 없이 사용할 수 있습니다.
- 동영상에 최적화되어 있습니다.
- 자동 자막과 프롬프터 기능으로 영상 편집 시간을 절약할 수 있습니다.

스마트폰에서 '캡컷'을 검색하여 나온 목록 중에서 'Capcut – 영상 편집 어플'을 클릭하여 설치하면 사용할 수 있습니다.

지금부터 초보자를 위한 캡컷 활용법을 알아보겠습니다. 캡컷에는 다양한 효과가 있지만, 이 책에서는 영상 사이즈 조정, 분할, 삭제, 복제, 텍스트 추가 등의 기본적인 기능에 대해 알아보겠습니다.